KB234488

일단
저질러 봐

일단 저질러봐

초판 1쇄 2011년 10월 5일
초판 2쇄 2011년 10월 20일

지은이 구자홍
펴낸이 이임광
편집 남연정 이강빈
교정·교열 최우영
마케팅 박진영
경영지원 조경일
디자인 디자인캠프

펴낸곳 공감의기쁨
출판등록 2011년 7월 20일 제313-2011-204호
주소 서울시 마포구 동교로 13길 34(서교동 474-13)
전화 02-325-5736
팩스 02-333-5980
이메일 LLKHKB@yahoo.co.kr

일단 저질러 봐

구자홍 지음

공감의기쁨

일단 저지를 수 있는 용기를 얻고 싶은 청춘들과

청춘의 진한 향기를 기억하는 모든 이에게 바친다.

희망을 여행하고 있다면
꿈은 별이 된다

하루는 결혼해 미국에 사는 딸아이가 페이스북으로 내게 안부를 물었다. TV에서 '진안'이 나오는 것을 보고 아빠 생각이 났다고 했다. 전북 진안은 내가 태어나 초등학교 5학년 때까지 살았던 고향이다. 딸아이가 진안을 몇 번이나 가보았는지 잘 기억이 나지 않는다. 그런 딸아이가 진안이라는 지명만으로 아빠 생각이 났을 정도라면 나에게 진안은 아버지, 어머니 같은 곳이 아닐까 한다.

그런 부모님 같은 고향을 떠나 전주로, 서울로 올라와 보낸 세월이 50년이 되었다. 두 도시 모두 반세기를 보낸 곳이지만 내겐 여전히 객지다. 손님처럼 나그네처럼 살아온 것이니까. 가정을 꾸리고 수많은 사람을 만나고 인연을 맺고 추억을 만들어 왔다. 고단하기만 했던 여정이 아니었는데도 자꾸만 고향 생각이 나고 어린 시절 아버지, 어머니 생각이 나는 것은 나이를 먹은 탓일까.

나는 어린 시절 진안 고향집의 화롯가를 잊지 못한다. 그 시절 나와 동생들은 화롯가에 앉아 부모님의 이야기를 듣곤 했다. 옛날 이야기와 부모님과 부모님의 부모님이 살아온 이야기를 듣는 것이 무척이나 즐거웠다. 지금은 이 세상에 안 계시는 아버지, 어머니이기에 화롯가 이야기는 더 진한 그리움으로 나의 가슴을 뭉클하게 한다. 그 시절 화롯가 이야기는 이후 펼쳐진 나의 삶의 여정에서 커다란 힘과 지혜를 주었다.

그리고 생각했다. 출가한 딸아이와 유학을 떠난 아들아이에게 나는 무슨 얘기를 해줄 수 있을까. 그 아이들이 어렸을 때는 화롯가도 없었고 나는 너무 바쁘게 사느라 도란도란 이야기를 나누지도 못했다. 그것을 후회하는 지금은 아이들이 너무 커버렸다 이것이 바로 내가 펜을 들게 된 이유다.

나는 작가도 아니고 책을 써본 적도 없다. 경영자로서 가끔 신문이나 잡지에 기고를 한 일은 있지만, 마음속 깊이 담아두었던 나의 이야기를 써본 적은 없었던 것 같다. 그러고 보니 딱 한 번 그런 마음의 글쓰기를 해본 적이 있기는 하다.

가톨릭 신자인 나와 아내는 'ME Marriage Encounter' 라는 프로그램에 참가했는데, 바로 그때 글쓰기의 기적을 경험했다. 2박 3일 동안 나는 아내에게, 아내는 나에게 하고 싶은 말을 글로 써 주고받으며 대화했다. 우리는 연애편지를 주고받을 때도 느끼지 못했던 마음 깊은 곳의 이야기를 읽을 수 있었다. 아내가 나를 어떻게 생각하고 있는지 처음 알게 되었고, 나 역시 아내에게 솔직해질 수 있었다.

지금도 생생한 것은 아내와 나 사이에도 문화의 차이, 세대차이가 있었음을 알게 된 것이다. 나만 그런 것이 아니라 아내도 그런 믿기지 않는 사실에 깜짝 놀라는 눈치였다. 이 심중의 대화는 다이어리 한 권이 모자랄 정도로 방대했다. 우리 부부 사이에 일어난 이 놀라운 발견과 변화에 나는 진심으로 하는 글쓰기의 위력이 얼마나 대단한 것인지 체감했다.

『액션』이라는 책을 보면 이런 이야기가 나온다. 어느 나라 왕이 명을 내렸다. 세상의 모든 진리를 담은 책을 한 권 만들라고 했다. 그래서 온 나라의 학자들이 모여 머리를 맞대고 고생 끝에 한 권의 책을 만들었다. 그런데 왕은 책을 읽다가 세상에 무슨 진리가 이렇게 많으냐며 한 장으로 줄여오라고 명했다. 큰 상을 내린다는 소리에 학자들은 모여 한 권의 책에 담긴 진리를 한 장으로 줄이는 작업에 들어갔다. 고심 끝에 드디어 한 장의 진리가 나왔다. 하지만 왕은 한 장도 너무 길다며 한 문장으로 압축해 오라고 명했다. 학자들은 몹시 짜증이 났지만 어쩔 수 없이 한 장을 한 문장으로 줄여야 했다. 그렇게 해서 나온 한 문장은 바로 이것이다.

세상에 공짜는 없다.

그 동안 내가 살아온 것만으로도 세상에 공짜가 없음은 분명하다. 공짜인생은 없다는 것이 만고의 진리가 아닐까. 공짜로 산 인생이 아니었기에 무언가 남길 이야기도 있을 것이라는 자신감으로 나는 책을 쓰기 시작했다.

우선 『액션』이 가르쳐준 대로 '행동'해 보기로 했다. 한 권의 책을 쓰고 한 페이지의 글로 요약하고 한 줄로 제목을 써보려고 했다. 오랜 퇴고 끝에 이 한 마디를 남겼다. 그 한 마디는 자연스럽게 책의 제목이 되었다.

일단 저질러봐!

철없이 뛰놀던 진안 촌놈을 지금 여기까지 데려온 것이 결국 '일단 저지르고 보는' 객기였음을 나는 글을 쓰면서 깨달았다. 역시 놀라운 발견이고 기적이 아닐까 한다.

이 책은 나의 이야기다 그 누구도 아닌 나의 꿈과 도전과 좌절과 재기와 성공과 성찰을 있는 그대로, 느낀 그대로 담았다. '경험보다 훌륭한 전략서는 없다'는 말에 나는 동의한다. 숱한 시행착오를 거치며 살아온 나의 인생을 중간점검하며 나와 같은 길을 걷고 있는, 그런 길을 걸을지도 모를 후배들에게 자그마한 이정표라도 남기고 싶었다. 그 이정표에는 이런 글을 적어놓으면 어떨까 한다.

알고 지내는 어느 기자가 내게 말했다. 생각이 복잡하고 후회되는 일이 많고 그리움이 밀려올 때는 걷거나 글을 쓰라고. 나는 충분히 걷고 있다고 생각했으므로 글을 쓰기로 맘먹었다. 그 기자의 말은 사실 이상이었다. 한 줄 한 줄, 한 장 한 장 글을 써내려가면서 나의 모든 슬픔과 분노와 괴로움과 부끄러움과 그리움이 아름다운 꽃으로 피어나고 있는 것을 발견했다. 그것은 이제껏 경험해보지 못한 가슴 벅찬 기쁨이었다. 나는 글을 쓰는 내내 행복했고, 그래서 감사했다.

그 기자는 학창시절 반성문을 쓰지 않았다면 자신은 글쟁이가 되지 못했을 거라고 했다. 이 책에 담긴 글이 어쩌면 내 인생을 되돌아보며 성찰하는 반성문인지도 모르겠다. 아니면 그리운 사람, 고마운 사람에게 보내는 조금 긴 편지가 되기를 바란다. 그것도 안 된다면 내 아들딸에게 들려주지 못한 화롯가 이야기라도 되었으면 좋겠다.

나는 25년 전, 공직을 떠나 기업에 투신했다. 당시로서는 쉽지 않은 선택이었다. 그리고 그 결단의 순간은 녹록치 않았던 경영자 인생의 시작이었다. 경영자로서의 삶에 거울이 되어준 두 사람이 있다. 동부그룹 김준기 회장과 동양그룹 현재현 회장이다. 김 회장은 나에게 기업의 본질과 경영의 기본을 깨우쳐 주었고, 현 회장은 내가 CEO로 마음껏 기량을 발휘할 수 있도록 기회를 만들고 전폭적인 지지를 보내주었다. 이 책이 그 두 분에게 말로 다하지 못한 고마움의 표현이 되었으면 하는 바람이다.

그리고 이 책을 내 가슴 속에 살아계시는 아버지, 어머니, 장인어른 그리고 나의 아내 조선과 아들 정진과 딸 지은과 사위 종우와 언제나 나를 응원해준 장모님, 그리고 나에게 혼자가 아니었음을 일깨워준 수많은 분에게 바친다.

2011년 녹색을 기억하는 가을 문턱에서

구자홍

차례

6. 모두가 너를 응원한다

일단 저지른다는 것

일단 저지른다는 것은 꿈꾸는 자가 꿈을 실현하는 첫걸음이다. 꿈은 이루어진다. 하지만 꿈꾸는 것만으로 이루어지지는 않는다. 꿈이 현실이 될 수 있다는 가능성을 체감하려면 일단 저질러야 한다. 일단 저질러보면 머릿속에서 그린 꿈이 현실에서 어떻게 구현되는지 가늠할 수 있다. 꿈은 그런 현실적인 실행력이 뒷받침되어야 이루어질 수 있다. 현실 공간에 한 발짝도 들여놓지 않는다면 꿈은 영원히 꿈으로 남게 된다.

일단 저지른다는 것은 생각하지 말라는 것이 아니라 생각을 현실화하라는 강력한 메시지다. 아무 생각 없이 사는 사람도 문제이지만, 생각만 하는 사람은 더 큰 문제다. 생각만 하는 것보다는 무슨 생각이든 일단 저질러보는 것이 낫다. 생각하는 것은 중요하다. 생각이 행동을 이끌어내기 때문이다. 하지만 생각만 하는 사람들에게는 일단 저지르는 행등이 필요하다. 거꾸로 행동이 생각에 대한 확신을 갖도록 하기도 한다. 세상에서 가장 힘든 일이 무엇인가. 아마도 생각을 행동에 옮기는 것이 아닐까. 인간을 '생각하는 갈대'라고 하지만 언제까지나 이리저리 흔들리며 생각만 하고 있을 수는 없다. 생각만으로는 아무것도 이룰 수 없기 때문이다.

흔히들 생각이 행동을 만든다고 하지만, 행동 때문에 생각이 가치를 얻는지도 모른다. 아무리 고민해도 어떻게 하는 것이 좋은지 알 수 없을 때는 일단 저질러보는 것이 상책이다. 생각이 옳았는지, 틀렸는지는 저질러본 다음에야 알 수 있다. 길고 짧은 것을 대보아야 알 수 있는 것과 같은 이치다. 우리는 하루에도 수없이 생각과 씨름하며 살아간다. 지나치게 많은 생각은 몸도 정신도 마음도 지치게 만든다. 더욱 심각한 문제는 그렇게 많은 생각의 백분의 일조차도 실행하지 못하는 것이다. 아무 생각 없이 사는 사람보다 생각하며 사는 사람이 더 성동한다. 또 생각만 하는 사람보다 행동하는 사람이 더 성공한다.

일단 저지른다는 것은 결단의 순간에 주저하지 말라는 것이다. 우리는 수도 없이 결단의 순간에 직면한다. 결단이란 하나를 택하면 나머지를 포기해야 하는 것이다. 결단이 어려운 것은 그 때문이다. 어느 것을 선택해도 후회는 남는다. 하지만 정말로 후회하는 것은 어느 것을 선택하고 어느 것을 포기한 것이 아니라 결단의 순간에 아무런 결단도 내리지 못한 것이다. 결단의 순간은 고통스럽지만, 그 순간을 놓치면 다시는 오지 않을 수도 있다. 결단의 순간이 사라지기 전에 주저하지 말고 결단을 내려야 한다.

일단 저지른다는 것은 천금 같은 기회를 놓치는 우를 범하지 않는 것이다. 세상이 불공평하다고들 한다. 모든 사람이 같은 조건에서 출발하는 것은 아니기 때문이다. 어떤 사람은 돈이 많고, 어떤 사람은 명석한 두뇌를 가졌으며, 어떤 사람은 배경이 든든하다. 하지만 공평한 한 가지가 있다. 누구에게나 기회가 찾아온다는 것이다.

어떤 사람은 그 기회를 잡고 어떤 사람은 놓친다. 이것이 기회라고 생각하면 일단 저질러보라. 기회를 놓치고 나서 땅을 치며 후회하지 않도록 말이다. 일단 저지른다는 것은 언제나 최후의 일격이 되어야 한다. 기회가 두 번 다시 오지 않을 것이라 가정하고 저지른 다음 올인 해야 성공할 수 있다.

일단 저지르는 것은 시간을 낭비하지 않는 것이다. 시간은 언제나 흘러가고 있다. 절대로 우리를 기다려주지 않는다. 저지르기 전에 보낸 시간을 저지른 후의 시간이 보상해주는 법은 없다. 아무것도 하지 않은 채 시간만 보내는 것은 돈을 낭비하는 것보다 더 아까운 일이다. 누구에게도, 어떤 일에도 지체할 시간은 없다. 생각하는 시간이 은이라면 실행하는 시간은 금이다.

일단 저지른다는 것은 불확실성의 가능성을 확신하는 것이다. 요즘 불확실성의 시대라는 말을 많이 한다. 지구가 생성된 이후, 인류가 시작된 이래로 어느 시대, 어느 한순간이라도 확실했던 적이 있었던가. 세상은 늘 변화무쌍하며 인생 역시 유동적이다. 정해진 것이나 정지된 것은 아무것도 없다.

불확실한 것은 불안하기만 한 것은 아니다. 오히려 불확실하기 때문에 가능성이 있다. 불확실성의 가능성을 확신하라. 불확실성을 두려워하면 아무것도 저지를 수 없지만, 불확실성의 가능성을 확신하면 과감하게 저지를 수 있다. 결국 우리가 불확실성을 어떤 관점으로 보느냐에 따라 결과가 달라진다.

일단 저지른다는 것은 누가 무어라 해도 자기를 확신하는 것이다. 어떤 일을 실행하지 못하는 것은 환경이나 남 때문이 아니다. 그렇게 핑계를 댈 수 있지만, 정작 자신을 믿지 못하기 때문이다. 나도 나를 믿지 못하는 데 남이 나를 믿어줄 리 만무하다. 내가 나를 믿어야 남도 나를 믿는다. 결정도 내가 하는 것이고 실행도 내가 하는 것이다. 자기확신을 가지고 저지르는 것과 자기를 불신하면서 어쩔 수 없이 저지른 일은 결과에서 엄청난 차이가 있다. 남들이 나를 믿지 않더라도 나는 나의 잠재력과 가능성을 믿어야 한다.

일단 저지른다는 것은 과거에 얽매이지 않고 미래를 믿으며 현재를 충실하게 살아가는 것이다. 성공한 사람은 계속 성공할 것이라고 믿고, 실패한 사람은 계속 실패할 것을 우려한다. 그런 성공과 실패는 모두 과거의 일이다. 과거에 실패했다고 지금도 실패할 것이라고 생각하면 아무것도 할 수 없다. 현재는 현재다. 과거의 안 좋은 기억은 기억일 뿐이다.

과거의 데이터를 분석해 만든 확률이라는 것은 수많은 가능성 중 하나일 뿐이다. 확률에 의존하는 인생이 현명해 보일지 몰라도 멋진 인생은 아니다. 사실 현명하지도 않다. 왜냐하면 미래는 아무도 모르는 것이며 믿는 만큼 실현되는 것이기 때문이다. 실패할 확률이 99퍼센트라도 현재의 자신과 미래에 대한 확신이 있다면 저질러 보라. 그래야 다음 도전자가 자신감을 가지고 도전할 수 있다. 성공률은 일단 저질러서 성공하는 사람들이 높여가는 것임을 잊지 말라.

일단 저지른다는 것은 열악한 환경과 조건을 뛰어넘는 극복과 도전의 실천이다. 산이 높다고 바라만 볼 것인가. 한 걸음을 내딛는 순간 정상은 그만큼 가까워진다. 그렇게 한 걸음 한 걸음이 모여 마침내 산을 정복한다. 환경이 열악하다, 조건이 좋지 않다고 푸념하는 시간에 지금 당장 한 걸음을 내디뎌 보라. 일은 말로 하는 것이 아니라 행동으로 이루어진다. 산은 오르라고 있는 것이며 강은 건너라고 있는 것이다. 앞을 가로막은 벽을 무너뜨리는 순간 그 벽은 강을 건널 다리가 될 것이다.

일단 저지른다는 것은 무모한 도전이 아니라 반드시 해내겠다는 자신감이다. 세상의 위대한 도전 치고 무모하지 않은 것은 없었다. 때로는 반대에 부닥치고 때로는 웃음거리가 되고 때로는 비난을 받았다.

사실 도전이란 무모한 것이다. 무모하지 않은 일을 굳이 도전할 필요가 있겠는가. 두모하기 때문에 도전할 가치가 있는 것이며 성공했을 때 성취감도 큰 것이다. 저지를 때는 되든 안 되든 해보겠다고 저질러서는 안 된다. 그런 생각으로는 될 일도 안 될 것이다. 아무리 무모해 보이더라도 일단 도전하기로 맘먹었으면 반드시 해내겠다는 신념으로 저질러야 한다. 그래야 지치지 않고 목표를 달성할 수 있다.

일단 저지른다는 것은 망설이고 주저하고 두려워하고 포기하는 약한 마음을 버리는 것이다. 갈등하지 않는 인간은 없다. 선택의 기로에서, 결단의 순간에서 갈등과 망설임이 없을 수 없다. 그러나 인간에게는 갈등을 극복하는 용기도 있다. 용기는 어떻게 나오는가. 일단 저지르면 용기에 불을 당길 수 있다. 일단 저지르는 순간 저지르기 전에 나를 유혹하고, 괴롭히고, 방해하던 수많은 잡념이 사라질 것이다. 이미 저질렀으므로 다른 생각은 모두 버리고 저지른 일만 생각하고 매진하면 된다.

일단 저지른다는 것은 실수나 실패의 두려움을 떨치는 것이다. 우리가 고심 끝에 내린 결론이 또 다른 고민의 시작이 되는 것도, 심사숙고해 맘먹은 일을 실천하지 못하는 것도 혹시 실수한 것이 아닐까, 실패하지 않을까 하는 두려움 때문이다.

실수하는 것이 걱정되고, 실패하는 것이 두려워 생각을 행동으로 옮기지 못한다면 그것처럼 치명적인 실수와 실패도 없을 것이다. 누구나 실수하고 실패할 수 있다. 시행착오는 성공의 거름이다. 실수는 고치면 되고, 실패하더라도 다시 도전하면 된다. 현명한 사람은 실수하거나 실패하지 않는 사람이 아니라 실수와 실패에서 배우고 깨달아 다시 일어서는 사람이다.

일단 저지른다는 것은 나의 뜻을 당당하게 펼치는 것이다. 나의 인생을 판단하고 결정하는 것은 바로 나다. 누구도 나의 인생을 판단하거나 결정할 수 없다. 사람은 저마다 자신의 인생을 사는 것이다. 누구를 위해, 누구 때문에 사는 것이 아니다. 나의 일을 소신껏 할 수 있어야 한다. 남을 의식하고 윗사람의 눈치를 보고 온갖 분위기를 파악하는 데 자신의 하나밖에 없는 인생과 한번 지나가면 다시는 오지 않을 귀중한 시간을 낭비하지 말라. 자신의 일과 인생 앞에 당당하라. 옳다고 확신하면 누구 앞에서도 기죽지 말고 저질러보라.

일단 저지른다는 것은 자신은 물론 다른 사람을 믿는 것이다. 사람은 다른 사람을 믿는 만큼 그 사람으로부터 신뢰를 얻는다. 다른 사람을 불신하면 그 사람 역시 당신을 믿지 않을 것이다. 사람을 믿지 못하면 아무것도 할 수 없다. 사람을 의심하기 시작하면 한도 끝도 없이 의심하게 된다. 믿을 사람과 함께하고, 함께하기로 했으면 일단 믿어야 한다. 그래야 모든 것을 걸고 저지를 수 있다.

열 길 물속은 알아도 한 길 사람 속을 알 수 없는 것이 인지상정이라도 사람이든 물이든 일단 빠져봐야 그 깊이를 알 수 있다. 내가 누군가를 믿어주면 그것이 동기가 되어 그 사람 역시 나의 믿음을 저버리지 않기 위해 노력할 것이다. 그것 역시 일단 믿어보라. 일단 저지르면 사람을 두고 계산하지 않는 것이다. 일단 저지른다는 것은 나는 물론이고 함께하는 사람에게도 자신감과 용기를 심어준다.

일단 저지른다는 것은 나를 버려 세상을 얻는 것이다. 어떤 일을 시도하지 못하고 망설이는 사람들의 공통점은 늘 환경이나 남을 탓하는 것이다. 하지만 어떤 일을 저지르지 못하게 발목을 잡는 것은 남이나 환경이 아니라 바로 자신이다. 자신의 재산을 잃을까봐, 명예가 실추될까봐, 상처를 받을까봐 아무것도 저지르지 못하는 것이다.

자신은 조금도 손해 볼 수 없다, 다치지 않겠다, 100퍼센트 안전해야 한다고 못을 박아놓고 무엇을 얻을 수 있겠는가. 투자하지 않고, 손해를 감수하겠다는 각오 없이 성과를 기대할 수 없다. 진짜 자존심이란 자신을 지키는 것이 아니라 자신을 버려 자신이 목표로 한 일에 올인 하는 것이다.

일단 저지른다는 것은 어려운 일을 쉽게 하는 방법을 깨치는 것이다. 세상은 살기 어렵다고 한다. 하지만 세상이 살기 어려운 것이 아니라 우리가 세상을 어렵게 살고 있는 것은 아닐까. 아무리 어려운 일도 쉽게 생각하면 쉽게 보이고, 아무리 쉬운 일도 어렵게 생각하면 어렵게 보인다. 단순하게 사는 것은 어리석은 게 아니다. 오히려 현명한 것이다.

문제해결력이 있는 사람은 문제를 단순화하는 능력을 가진 사람이다. 그렇지 않은 사람은 별 문제도 아닌 일을 더 복잡하게 만들어

버리곤 한다. 도저히 해낼 수 없을 것 같던 복잡하고 어려운 일도 막상 시도해보면 별 것 아니었음을 경험해 보았을 것이다.

일단 저지른다는 것은 일을 즐길 줄 아는 것이다. 아무리 유능한 사람도 열심히 하는 사람을 당할 수 없다. 또 아무리 열심히 하는 사람도 일을 즐길 줄 아는 사람을 당할 수 없다. 운동선수가 어깨에 힘이 너무 들어가 있으면 제 기량을 발휘하기 힘들다. 몸도 생각도 경직되어 있으면 움직이려 하는 대로 움직일 수 없다. 유연성과 여유의 힘을 가진 사람이 더 큰 성과를 거둘 수 있다. 일을 일로 인식하지 말고 흥미진진하고 다이내믹한 놀이라고 생각하고 마음껏 즐긴다면 쿨하게 저지를 수 있다.

일단 저지른다는 것은 무책임하게 일을 벌이라는 뜻이 아니다. 모든 것을 스스로 책임진다는 것이다. 사전은 동사 '저지르다'를 '잘못해 일을 그르치다'라는 뜻으로 풀이한다. 그만큼 부정적이다 하지만 저지른 사람이 책임진다는 확고한 의지가 있다면 문제될 것이 없다. 책임지지 않는 저지름은 누구에게도 환영받지 못한다. 저지름의 바탕은 책임의식을 동반한 행동주의여야 한다. 책임지기 싫어 아무것도 저지르지 못한 것보다는 일단 멋지게 저지르고 확실하게 책임지는 편이 훨씬 낫다.

일단 저지른다는 것은 모든 유혹을 뿌리치고 정도를 걷는 것이다. 일단 저지르라고 하면 수단과 방법을 가리지 말고 하라는 것처럼 들릴지도 모른다. 목표는 물론이고 그것을 달성하는 과정 역시 옳다는 확신이 있을 때 저지르라는 얘기다. 법과 규칙을 지키면서도 우리는 얼마든지 저지를 수 있으며 또 그렇게 정도를 가면서 저지르는 것이 멋있게 저지르는 것이다.

일단 저지른다는 것은 무책임하게 행동하라는 것이 결코 아니다. 사람은 지금 저지르는 일이든, 이미 저지른 일이든, 앞으로 저지를 일이든 반드시 책임져야 한다. 기본을 어기고 법을 위반하고 도의에 반하면서 저지른 일은 언젠간 대가를 치를 것이다. 일단 저지른다는 것은 법과 도의 안에서 할 수 있는 모든 것을 실행한다는 것이다.

일단 저지른다는 것은 후회 없이 사랑하는 것이다. 사랑하는 사람은 언제나 지금 사랑해야 한다. 다음에 사랑하겠다는 것은 부질없는 약속이다. 자식이 아무리 효도하려 해도 부모가 기다려주지 않듯 사랑은 언제나 현재형이어야 한다. 사랑은 현재라는 시간과 여기라는 공간이 만들어내는 가장 아름다운 작품이다. 특히 가족 간의 사랑이 그러하다. 조금 형편이 나아지면, 여유가 생기면 하고 미룬 사랑을 실천할 기회는 영원히 오지 않을 수도 있다. 함께할 수 있을 때 함께하고, 사랑할 수 있을 때 사랑하라.

일단 저지른다는 것은 상처를 치유하는 것이다. 상처의 절반은 과거에 할 수 있었는데 하지 못한 것 때문에 생긴 것이다. 다시 기회가 찾아왔을 때 도전한다면 같은 상처를 또 받지 않을 것이다. 일단 저지른다는 것은 마음이 가는 대로, 가슴이 뛰는 대르 멋지게 살아보는 것이다. 내 안에 있는 모든 가능성을 보여주는 것이다. 이제까지 불가능하다고 생각하던 것이 아무것도 아니라는 것을 입증할 절호의 찬스다. 노력한 만큼, 열정을 쏟은 만큼 성취할 것이라는 강한 믿음을 갖는 것이다. 일단 저지른다는 것은 혼자가 아니라 모두를 위한 일에서 더욱 빛을 발할 것이다.

일단 저지른다는 것은 후회 없는, 멋진 삶을 위한 특명이다.

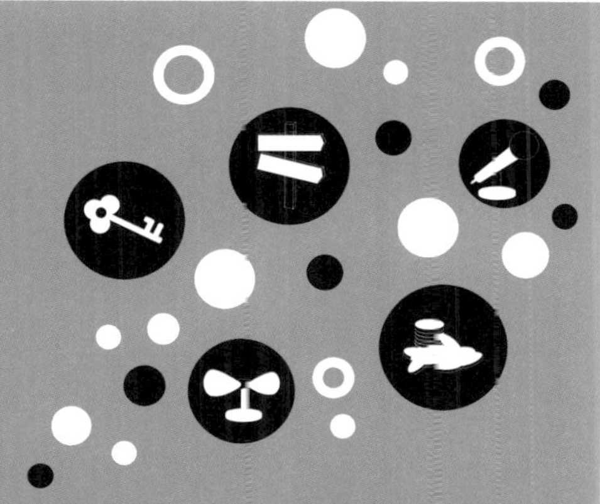

1. 열정은 배신하지 않는다

자존심을 죽여 편하게 살기보다 자존심을 지키기 위해 마음 고생을 하는 것이 더 낫다. 그 선택을 후회해선 안 된다. 무슨 일이든 끝장을 내야 한다. 그것이 바르 진짜 자존심이다.

"Dreamisnowhere"
한 번 읽어봐

현재와 미래를 연결하는 가장 확실한 보장이 있다.
그것은 바로 꿈이다.

인생도 설계해야 한다고 한다. 어느 학교, 어느 과를 나와 어느 회사에 들어가 연봉을 얼마를 받을지 계획을 세워야 한다. 또 결혼은 몇 살에 할 것이며, 어떤 상대를 만나 얼마나 오래 연애를 할지 미리 생각해 두어야 한다.

결혼을 하면, 어떤 집에서 살 것이며, 자식은 몇이나 낳을 것인지도 결정해 두어야 한다. 그뿐이 아니다. 자녀에게 얼마나 돈을 투자할 것인지, 언제까지 일을 할 것인지, 정년 때까지 돈을 얼마나 모아놓을 것인지 꼼꼼하게 계산해 두어야 한다. 그렇지 않으면 이 불안한 세상, 불확실한 미래에 안전하게 인생을 살아갈 수 없다고 한다.

인생이 그렇게 계획한 대로만 되어준다면 더 바랄 것이 없다. 하지만 한 치 앞도 내다볼 수 없는 것이 세상살이가 아닐까. 꿈을 갖고 도전하며 사는 것과 인생의 마스터플랜을 짜는 것은 다른 문제다. 물론 어떤 사람이 되어야겠다, 무엇을 전공하고 어떤 직업을 선택하겠다는 것은 아주 중요한 계획이다. 그러나 20대를 사는 젊은이가 60대가 되었을 때 어떻게 살아갈 것인지 고민하고 있다면, 그것을 계획성과 준비성이 있다고 해야 할지 잘 모르겠다.

어쩌면 우리는 너무 많은 계획을 세우느라 인생의 많은 시간을 허비하고 있는지도 모른다. 정작 중요한 것은 지금인데 말이다. 지금 내가 어디에 서 있는지 깨닫고, 현재 상황에서 주어진 일에 최선을 다하고 있는지부터 고민하는 것이 더 시급하고 중요한 일이 아닐까 한다.

아직 일어나지도 않았고, 아무도 예측할 수 없는 먼 훗날의 상황을 상상하고 고민하느라 정작 내가 서 있는 자리에서 해야 할 일을 하지 못한 채 망설이고 있는 것은 아닌지 반성해 보아야 할 것 같다.

더구나 그런 먼 훗날의 상황이 대체로 긍정적이기보다는 부정적이라는 점이 안타깝다. 남보다 뒤처지면 어쩌나, 유망하지 않은 직업을 선택해 벌이가 시원찮으면 어쩌나, 배우자를 잘못 만나 불행한 결혼생활을 하면 어쩌나, 갑자기 직장에서 해고를 당하면 어쩌나, 큰 병에 걸리면 어쩌나 하는 불길한 상상을 하게 마련이다.

그래서 젊은이들이 무작정 인기 있는 분야로 몰려가고, 조건에 맞는 배우자를 찾기 위해 결혼정보회사의 문을 두드리고, 노후대책을 세우고, 병에 걸리거나 사망할 것에 대비해 각종 보험에 가입하는 모양이다.

그런데 나의 미래가 왜 하필이면 불행할 것이라고 우려하는 것일까. 무슨 근거로 나의 미래를 함부로 단정 짓는 것일까. 지금까지 별다른 성공을 거두지 못했기 때문에 이대로 계속 살다가는 실패할 확률이 더 높다고 재단하는 것일까.

불행할지도 모를 미래를 걱정할 여유가 있다면, 적어도 현재는 그다지 불행하지 않은 것이 아닐까 한다. 정말로 불행한 사람이라면 당장의 위기를 극복하기 위해 필사적으로 노력할 것이다. 그런 사람에게 가까운 미래나 먼 훗날의 미래는 전혀 중요하지 않다.

사람은 주변에서 불행한 일을 겪는 사람들을 보면서 자신의 미래를 그것에 맞추게 마련이다. 직장을 구하지 못해 방황하는 선배를 보거나, 주변의 축하 속에 결혼한 부부가 얼마 못 가 이혼을 하거나, 명예퇴직을 당하거나, 노후에 생활고를 겪는 모습을 보면서 자신 역시 그런 불행한 미래를 살지 모른다고 걱정하는 것이다.

동물은 현재를 산다는 말이 있다. 어제 무엇을 먹었는지, 내일 날씨가 어떨지 걱정하지 않는다. 동물은 지나간 과거의 상처를 떠올리거나 일어나지 않은 미래의 불행을 상상하면서 스트레스를 받는 일이 없다. 하물며 만물의 영장인 사람이 미래를 걱정하며 안절부절 못하는 것을 보면 그런 우리 인간이 과연 동물보다 현명하다고 할 수 있는지 궁금하다.

내가 살아 온 60년을 되돌아보아도 언제나 현재가 미래보다 훨씬 중요했던 것이 분명하다. 내가 기억하는 가장 어린 나이에, 그것이 세 살인지 네 살인지는 알 수 없지만, 50여 년 후 지금처럼 살고 있을 것이라고 상상해본 적은 없었다.

시골에서 초등학교를 다닐 때 몇몇 친구가 도시에 있는 학교로 전학을 갔다. 자식 교육을 위해 부모님이 큰 학교가 있는 도시로 기꺼이 이사를 갈 수 있었기에 가능했다. 우리집 형편은 그렇지 못했다. 공무원인 아버지가 자유롭게 거주지를 옮길 수 없었던 데다 부모님은 내가 꼭 대처에 있는 학교에 가야 한다고 생각하지도 않으셨다. 하지만 나는 친구들처럼 도시에 있는 학교에 보내 달라고 매달렸다. 무슨 대단한 포부가 있었던 것도 아닌데 말이다.

그저 어린 마음에 시골에서 학교를 계속 다니면 지게 지고 농사 짓는 일밖에 할 수 없을 것 같았다. 그렇게 살아서는 안 되겠다, 큰 사람이 되려면 여기보다 큰 곳에 있는 학교에 가서 공부해야겠다고 생각했다. 구체적인 계획 같은 건 없었다. 막연한 기대와 꿈이었다.

부모님은 반대하셨다. 아직 어린 아들을 차마 도시에 있는 하숙집에 혼자 보낼 수 없었기 때문이다. 하지만 나는 부모님을 계속 졸라 5학년 때 기어이 도시에 있는 학교로 전학을 갔다.

대학에 들어가서도 친구들은 1학년 때부터 고시준비를 할 정도로 처음부터 인생계획을 짜놓은 것처럼 보였지만, 나는 그렇지 않았다. 당시 존경하는 교수님에게서 "너희들이 공직에 들어가 잘못된 경제정책을 바로잡아야 한다."는 말씀을 듣고 뒤늦게 고시공부를 시작했다. 물론 그렇게 즉흥적으로 도전한 시험에 붙었을 리 없었다. 세 차례나 고배를 마신 끝에 행정고시에 합격했다.

경제기획원에 들어가서는 실무 경험을 쌓아 나라경제를 책임지는 장관이 되어 뜻을 펴 보겠다는 꿈을 꾸며 열심히 뛰었다. 업무를 수행하다 필요한 공부가 있으면 누가 시키지 않아도 찾아서 했고, 교통정책 연구를 위해 미국 유학을 다녀올 수 있었던 것도 그런 학구열을 높이 평가한 상관의 추천 덕분이었다.

공직을 떠나 기업 경영자로 변신한 것도 전혀 계획된 것이 아니었다. 새로운 일에 도전하고 싶다고 생각했고, 이윤을 내는 기업에서 역량을 시험해 보고 싶었다. 물론 공무원의 박봉을 쪼개 어렵사리 살림을 꾸려온 아내에게 빚을 갚고 싶다는 생각도 있었다.

기업에 들어와 여러 회사의 CEO를 거치면서 주로 부실해진 회사를 살리는 역할을 맡아 성공했지만, 그때마다 살릴 수 있다는 긍정적인 생각과 주어진 여건에서 임무를 완수하기 위해 혼신의 힘을 기울였을 뿐이다. 단 한 번도 안 된다고 생각해 본 적이 없었다.

불행인지 다행인지 모르지만 나에겐 멘토가 없었다. 그런데도 나름 성공적으로 살아올 수 있었던 것은 긍정의 힘 덕분이었다. 나의 멘토는 나의 무모함이고 나의 도전이고 열정이고 자존심이었으며 바로 나 자신이었다. 그리고 책이었다. 나는 그 누구도 아닌 나를 믿었다. 내가 이길 것이라고 생각했다. 그렇게 확신할 수 있었던 근거는 두 가지다.

내가 더 열정적이니까.
내가 더 긍정적이니까.

나에게 계획이 전혀 없었다는 것은 아니다. 하지만 적어도 불확실한 미래를 걱정하며 현재 내가 서 있는 곳을 잊거나 지금 하고 있는 일을 게을리 하지는 않았다. 미래가 현재를 결정하도록 지금의 나를 양보할 것인가, 현재가 미래를 결정하도록 지금 하고 있는 일에 최선을 다할 것인가. 선택은 바로 내가 하는 것이다.

'미래를 지나치게 걱정하지 말고 현재에 충실하라.'는 말이 자칫 무작정 살라는 뜻으로 받아들여질 수도 있을 것 같다. 그렇다면 현재와 미래를 연결하는 가장 확실한 보장이 있다. 바로 꿈이다. 그것은 어떤 보험보다도 보장성이 높다. 나는 한 번도 꿈이 이루어지지 않을 수 있다고 생각한 적이 없다. 꿈은 이루어진다.

쌍둥이 형제가 있었다. 형과 동생은 같은 방에서 함께 자랐다. 형제에게 주어진 환경은 똑같았다. 그런데 40년이 지난 후, 쌍둥이 형제는 전혀 다른 모습이었다. 동생은 크게 성공해 만족스런 인생을 살고 있는 반면, 형은 하는 일마다 실패해 의욕을 상실한 채 노숙자가 되어 있었다. 같은 환경에서 자란 쌍둥이 형제가 어떻게 정반대의 삶을 살게 되었는지 궁금했던 기자가 그들의 어린 시절을 추적해 보았다. 기자는 집 안을 취재하다가 벽에 걸려 있는 액자 하나를 발견했다. 액자 속에는 이런 글귀가 적혀 있었다.

Dreamisnowhere

기자는 형제에게 띄어쓰기가 불명확한 이 글귀에 대해 알고 있느냐고 물었다. 먼저 동생이 대답했다.

"아, 그 문구 말이군요. Dream is now here."

하지만 형의 대답은 달랐다.

"무슨 소리야. ‘Dream is no where’ 이라고 씌어 있었잖아."

같은 글을 쌍둥이 형제가 전혀 다른 뜻으로 읽은 것이다. 아무리 쌍둥이라도 '꿈이 여기 있다.'고 생각한 동생과 '꿈은 어디에도 없다.'고 생각한 형의 미래가 달라지는 것은 너무나 당연하지 않을까.

다니엘 버넘이 말했다.

"작은 꿈을 꾸지 마라. 그것은 당신의 피를 들끓게 하는 기적을 일으키지 못한다. 원대한 꿈을 세우고 드높은 이상과 희망을 향해 나아가라."

진짜 자존심

여러 회사를 맡아 경영하면서 나는 적잖게 노조와 협상테이블에 마주 앉아야 했다. 노조 간부들이 가장 민감하게 생각하는 것은 임금문제였다. 그럴 때마다 나는 이렇게 말했다.

"이보시오, 직원들 월급은 사장의 자존심이오. 내가 내 자존심 깎는 짓을 하겠소? 누구보다 여러분의 임금을 올려주고 싶은 사람이 바로 나란 말이오."

자신들의 임금이 나의 자존심이라는 말에 노조 간부들은 흠칫 놀라곤 했다. '자존심'이라는 말이 그럴 때 쓰일 수도 있다는 것을 미처 몰랐던 모양이다. 나는 정말로 자존심을 걸고 노조와 약속을 했고, 노조도 내 자존심을 담보로 믿어주었다. 노조가 없는 회사를 경영할 때도 나는 그 자존심을 지키기 위해 회사의 형편이 허락하는 한 직원들 급여를 올려주려고 노력했다. 나는 약속을 지켰고 그 결과 회사는 회생하고 성장했다. 적어도 나는 자존심의 승리라고 생각한다.

어릴 때부터 부모님은 내가 고집이 세다고 하셨지만, 사실 나는 그냥 고집이 센 것이 아니라 자존심이 강했던 것이다. 진안에서 전주로 유학을 보내달라고 장장 2년을 조르고 졸라 초등학교 5학년 때 기어이 전학을 간 것도 처음에는 모두 고집이라고 했다. 하지만 5학년짜리 아이가 하숙생활을 시작할 때는 고집만으로는 안 되는 일이었다.

전주로 온 첫날 어머니께서 하숙방을 정돈해주고 진안으로 가시면서 "돌아오는 토요일에 집으로 내려오라."고 몇 번이나 당부를 하셨다. 나는 일주일 동안 새로운 학교생활에 적응하느라 힘든 시간을 보냈다. 난생 처음 집을 떠나 고생을 해보니 부모님 생각이 절실했다. 토요일이 되어 어머니 말씀대로 진안으로 갈 채비를 했다. 그런데 문득 이런 생각이 들었다. 그렇게 졸라 전주까지 왔는데 어머니께서 오라 했다고 일주일 만에 가면 왠지 대장부 체면이 말이 아닐 것 같았다. 나는 그 뒤로 한 달 동안 버티다 집으로 갔다.

한 달 만에 집으로 돌아온 나는 피곤에 지쳐 초저녁에 잠이 들었다. 그런데 어머니 울음소리에 잠에서 깨고 말았다. 어머니는 벽에 걸어놓은 내 교복을 붙들고 눈물을 흘리고 계셨다.

한 달 동안 나는 새로운 친구들과 빨리 친해지려는 마음에 축구 시합이 있으면 빠지지 않고 뛰었다. 그러다 보니 교복 상의 단추가 다 떨어지고 바짓가랑이도 찢어졌다. 그런데 하숙집 아주머니에게 수선해달라고 말할 숫기가 없었던 나는 옷핀으로 단추를 달고 찢어진 바짓가랑이에도 옷핀을 꽂아 놓았다. 어머니는 내가 잠든 사이 교복을 빨려다가 그것을 보고 주저앉으셨던 것이다.

주말에 진안으로 내려오라는 어머니 말씀을 듣지 않고 뜯어진 교복을 옷핀으로 미봉한 채 한 달이 지나도록 안 내려간 것은 분명 자존심이었다. 요즘이야 초등학교 때 해외로도 유학을 보내는 일이 낯선 일이 아니지만, 그 시절엔 초등학생이 연고도 없는 대처로 혼자 유학을 간다는 것은 상상하기 힘든 일이었다. 어린 아이가 어머니를 따라가지 않고 유학생활을 계속하겠다고 한 것은 '대장부가 한번 칼을 뽑았으면' 하는 자존심이 없었다면 설명하기 힘들 것이다.

공직에 있을 때도 그랬고, 기업으로 와 경영을 하면서도 나는 자리, 명예, 돈보다는 자존심을 더 지키려고 했다. 정책 아이디어를 내고 그것을 실행할 때도 나는 자존심을 다 걸었다. 부실해진 회사를 살리는 구원투수로 투입됐을 때도 회사를 내가 목표한 대로 키우는 데 자존심을 다 걸었다. 직원들과 한 약속도 어떤 일이 있어도 지키려고 했다. 역시 자존심 때문이었다.

돌이켜 보면 때로는 자존심을 좀 죽이고 아쉬운 소리도 하면서 적당히 타협도 했다면 훨씬 수월하게 세상을 살았을 것이라는 생각이 들기도 한다. 자존심을 지키다 보니 속으로 갈등도 많았다. 아내는 그렇게 마음고생을 하는 나에게 자존심 때문에 사서 고생을 한다며 싫은 소리를 하기도 했다. 그러나 나는 자존심을 죽여 편하게 살기보다는 자존심을 지키기 위해 마음고생을 하는 것이 더 낫다고 생각했다. 그 선택을 후회하지 않는다. 나는 무슨 일이든 최선을 다해 끝장을 내야 한다고 믿었으며 그것이 바로 나의 자존심이었다.

칭찬이 고래를 망칠 수도

훌륭한 리더는 작은 실수는 야단치고
큰 실수는 수습부터 한다.

나는 직설적이다. 윗사람이든 아랫사람이든 누구에게도 돌려 말할 줄 모르는 것이 흠이라면 흠이다. 특히 아랫사람을 칭찬하는 데 인색하다는 소리를 많이 듣는다. 내가 생각해도 그런 것 같다. 사사건건 잔소리를 하는 스타일은 아니지만, 두고 보다가 도저히 개선의 여지가 안 보인다 싶으면 눈물이 쏙 빠지도록 호되게 야단을 쳐 바로잡아야 직성이 풀린다. 그래서인지 꽤 오랜 시간 CEO로 지냈지만, 내게 그 흔한 '덕장德將'이나 '부드러운 카리스마' 같은 수식어를 붙여주는 이는 없었다. 사실 내게 어울리지도 않는 말들이다.

나는 회의시간에 임원 한 명 한 명을 파일링 하는 버릇이 있다. 어느 임원이 무심코 내뱉은 말까지 모두 머릿속에 입력해둔다. 그러다가 나중에 전과 다른 얘기를 하면 "왜 그땐 그렇게 얘기했는데 지금은 딴소리를 하느냐?"라고 따져 묻는다. 심지어 어떤 임원은 자신이 한 말을 기억조차 못하고 있다가 내가 당시 상황을 설명하면 무안해 몸 둘 바를 몰라 하는 경우도 많았다.

칭찬에 인색한 나에게 "좀 더 너그러워질 수 없느냐?"라고 조언하는 사람들이 많다. 칭찬은 고래도 춤추게 한다는데, 나처럼 칭찬에 인색한 사람에게는 무희舞姬도 춤을 멈출지 모를 일이다.

공직 출신이어서 경직되어 있다거나 너무 원리원칙만 내세워 융통성이 부족하다는 애기를 들을 때도 있었다. 부실해진 회사를 맡아 경영을 정상화하기 위해 박차를 가할 때는 앞뒤 안 보고 밀어붙인다는 소리도 들었다. 그럴 땐 억울하기도 하고 화가 나기도 했지만 막상 성공을 거둔 후에는 그런 비판 섞인 말들이 다 좋은 쪽으로 재해석되는 것을 보면서 우로를 받곤 했다.

세월이 흐르면서 주변 사람들 말에도 귀를 기울이게 되고, 마음의 여유를 찾아야 하지 않나 반성하게 되는 것을 보면 나도 이제 나이를 먹었나 보다. 하지만 아무리 그렇다고 해도 칭찬만큼은 원칙이 있어야 한다는 생각에는 변함이 없다. 쓸데없는 고집이 아니다.

백 번 양보해 칭찬에 후해진다 해도 잘못하고 있는 부하직원을 야단치지 않고 심지어 잘하고 있다고 격려할 수는 없다. 무분별한 칭찬에는 분명히 오류가 있다. 잘못된 길을 가고 있는 사람을 야단치지 않고 칭찬할 경우 자신이 가고 있는 길이 옳은 길이라고 착각하게 된다. 당장 서로 좋은 관계를 유지하기 위해 좋은 게 좋다는 생각으로 덮어버리고 가면 개선하고 교정할 기회를 영영 놓칠 수도 있다. 그것은 아주 큰일이 아닐 수 없다.

나는 요즘 우리 경영 현장이 지나칠 정도로 연성화하고 있는 것을 우려한다. 경영자의 리더십을 무조건 부드러움과 따뜻함과 배려와 칭찬으로만 포장하려는 경향이 과연 옳은 것인지 의문스러울 때가 많다. 그것과 반대되는 것은 모두 권위적이고 보수적이고 고집스럽고 형식적인 낡은 리더십처럼 비춰지는 것이 안타깝다. 비단 경영 현장뿐 아니라 학교와 심지어 군대에서도 그런 오해가 있는 것 같아 문제는 더욱 심각하다.

칭찬의 진정한 의미는 잘한 것을 잘한다고 해주는 것이다. 잘못한 것까지 잘한다고 칭찬할 수는 없는 노릇이다. 고래든 새우든 잘할 때 잘한다고 해야지, 무조건 춤만 추게 만드는 게 능사는 아니다. 자칫 춤추게 하려고 칭찬했다가 고래가 산으로 갈 수도 있음을 경계해야 할 것이다.

칭찬하는 것보다 리더가 먼저 터득해야 할 것이 있다. 바로 상처

받지 않게 야단치는 방법이다. 나 역시 칭찬에 인색하다는 비난을 피하기보다는 애정 어린 야단을 칠 수 있는 리더가 되기 위해 나를 돌아보고자 부단히 노력해 왔다.

나에게는 아랫사람을 위해 화를 내야 할 때나 야단쳐야 할 때 아랫사람이 받을 상처는 최소화하고 효과는 극대화하는 몇 가지 원칙이 있다.

우선 사소한 잘못을 기억해 두었다가 한꺼번에 야단친다. 사소한 잘못이라도 잘못은 잘못이고 그것이 잘못인 줄 모르면 나중에 더 큰 잘못이 되게 마련이다. 그렇다고 조그만 실수를 할 때마다 매번 야단을 치면 아랫사람 입장에선 잔소리처럼 들려 역효과가 날 수도 있다. 그래서 당시에는 넘어가주는 듯하다 한꺼번에 야단을 쳐 다음부터 같은 실수를 하지 않도록 주의를 주는 것이 효과적이다.

정말로 크게 잘못한 것은 야단치지 않는다. 작은 실수를 야단치는 것은 큰 실수를 하지 말라는 예방이다. 정말 큰 잘못이라면 굳이 야단을 치지 않아도 당사자가 사태의 심각성을 더 잘 알고 있을 것이다. 대형 사고는 야단치는 것보다 수습하는 것이 중요하다. 윗사람이 흥분해 야단부터 치려고 하다 보면 당사자는 사태수습이 엄두가 나지 않아 문제의 원인을 숨기는 데 급급할 수 있다 그렇게 되면 해법을 찾을 수 없게 되고 만다. 큰 실수를 한 경우에는 야단보다는 윗사람과 아랫사람이 머리를 맞대고 해결책부터 찾는 것이 우선이다.

동양카드 사장 시절, 부실 대출로 적지 않은 손실이 발생할 위기에 처한 일이 있었다. 당시 나는 미국 출장 중에 사고를 보고 받았다. 며칠 후 귀국하는 날, 공항에 대출담당 임원이 마중을 나왔다. 그는 고개를 들지 못한 채 준비해 온 사표를 나에게 제출했다. 그의 몰골은 말이 아니었다. 사고를 해결하기 위해 동분서주한 흔적이 역력했다. 나는 그의 사표를 뿌리치며 버럭 소리를 질렀다.

"지금 제정신이오? 당신이 책임자인데 사태를 수습해야지, 사표를 제출하면 어쩌자는 거요?"

나의 돌발적인 반응에 그는 어찌할 바를 몰라 했다. 그리고 기어가는 목소리로 말했다.

"그래도 제가 책임을 져야 할 것 같습니다."

나는 대답했다.

"책임은 사장이 집니다. 지금 당신이 할 일은 사태를 수습해 손실을 최소화하는 것이오."

그것은 나의 진심이었다. 과정이야 어찌되었건 최종 결재는 사장인 내가 한 것이고 담당 임원은 자신의 실수를 인정하고 책임을 지려고 했기에 그를 문책하지 않은 것이다. 나의 진심은 통했다. 그 임원은 그 후 한 달 동안 전력을 다해 사태를 수습해 실질적인 손실은 거의 없게 되었다. 그 일은 당시 많은 임직원에게 잘못을 인정하고 사태를 수습하는 것이 얼마나 중요한지를 일깨워주는 계기가 되었다.

야단칠 때는 감정이 개입되어서는 안 된다. 일 자체의 잘못을 가지고 야단쳐야 한다. 감정이 개입되면 야단치는 의도가 왜곡되고 만다. 그래서 나는 아랫사람을 야단치고 나면 반드시 며칠 후 불러 식사를 하거나 술을 마시거나 차를 마시면서 조금이라도 남아 있을 오해를 풀어주었다. 나에게 야단맞은 아랫사람은 야단을 맞으면서도 며칠 후 자리를 함께하겠구나 하고 생각하기 때문에 마음에 상처를 받지 않았을 거라고 믿었다.

변신 무죄, 변심 유죄

바꿔야 할 것과 바꾸지 말아야 할 것을 아는 사람이
진정한 혁신가다.

언론에서 나에게 관심을 가졌던 여러 이유 중 하나는 정부중앙부
처에 있다가 기업 중역으로 변신한 것이 아닐까 한다. 당시에는 좀
이례적이었는지는 몰라도 그 후에는 나처럼 공직에서 기업으로 움
직인 사람이나 거꾸로 기업에서 공직으로 간 사람은 수도 없이 많
다. 그만큼 세상이 바뀐 것이다. 관료 출신 경영자, 기업 출신 공직
자가 많아졌다는 것은 한 국가의 사회구조가 더욱 개방적으로 바뀌
었다는 점에서 나쁘지 않은 현상이다.

내가 기업으로 투신할 때 공직에 있던 동료들, 특히 선배들은 달가워하지 않는 눈치였다. 물론 그들 중에는 진정으로 나의 앞날을 걱정하는 이들도 적지 않았다. 공직에만 있던 내가 전혀 다른 문화를 가진 기업 조직에서 과연 잘 적응할 수 있을까 하는 우려의 목소리가 많았다. 그도 그럴 것이 앞서 공직에서 기업으로 갔다가 그리 아름답지 못한 모습으로 고전하는 사람이 적지 않았기 때문이다.

공직을 떠난 지 25년이나 지났고 공직자로 보낸 시간보다 기업에서 보낸 시간이 더 많아졌으니 이제는 '관료 출신 경영자'라는 꼬리표를 떼어도 되지 않을까 싶다. 사실 그런 꼬리표가 가끔은 공직과 기업 어느 곳에도 온전하게 속하지 못하는 경계인 같아 부담스럽기도 했다.

기업에 와서도 나름 열심히 일한 것에 대한 보상인지는 몰라도 주위에서는 나를 관료 출신으로 꽤 성공한 경영자라고 인정해준다. 감사한 일이다. 함께 공직에 있었던 후배들이 가끔 자신의 거처 문제를 두고 내게 조언을 구하기도 한다. 성공비결을 들려달라고 하는데, 내가 정말로 성공했는지는 더 두고 봐야 할 것 같아 몇 가지 유의할 점을 전해주는 것으로 갈음하곤 한다.

공직에서 기업으로 온 사람이 명심해야 할 중요한 원칙이 하나 있다. 공직을 떠났으면 공직에 있던 자신을 깨끗이 잊으려고 노력해야 한다는 것이다. 아무리 자신이 정부 요직에 있었다고 해도 일단 기업으로 온 이상 경영 현장에 충실해야 한다. 관료적 사고방식에서 벗어나지 못하거나 때론 기업에서 함께 일하는 동료들을 권위적으로 대하는 태도는 바람직하지 못할 뿐 아니라 조직에서 신뢰받지 못하고 말 것이다.

기업은 이윤을 추구하는 곳이다. 기업에서 일하는 많은 사람은 고객에게, 주주에게, 거래처에 자존심을 버릴 수 있어야 한다. 아무리 관료 출신이더라도 일단 기업에 온 이상 다른 동료들처럼 자존심보다는 회사의 이익을 더 중시해야 한다. 알량한 자존심에 연연해 아무에게나 목에 힘을 주는 것은 곤란하다. 이른바 유연성 있는 '고무목rubber neck'이 되어야 한다. 진정한 자존심은 회사를 발전시키는 것이다.

또 경영현장에서 잘 풀리지 않는 사안을 해결하기 위해 공직에 있는 옛 동료를 찾아가 청탁하는 일도 삼가야 한다. 나도 불가피하게 공직에 있는 옛 동료에게 부탁 아닌 부탁을 해야 할 때가 없지 않았다. 회사의 존폐가 걸린 절체절명의 순간에는 관계기관에 탄원서를 내고, 담당 공무원을 만나 상황을 설명하기 위해 뛰어다녀야 했다. 이런저런 이유로 만나주지조차 않을 때는 집 앞까지 찾아가 기다렸던 기억도 있다. 언젠가 새벽까지 기다리다 결국 만나지 못하고 집으로 돌아온 날, 아내가 "이렇게 힘들게 일하는 줄 몰랐다."

며 눈물을 흘리기도 했다. 그런 일이 있을 때마다 나는 공직에서 기업으로 투신한 것이 과연 잘한 일인가 하는 회의가 살짝 들기도 했고, 예전 같이 터놓고 얘기할 수만은 없는 옛 동료들에 대한 서운함도 없지 않았다. 하지만 기업으로 온 지 25년이 지난 지금, 그 때 일들을 돌이켜 생각하면 회의가 들 것도, 서운할 일도 아니다. 나는 나대로 절박한 상황이었을 테고, 서운하게 한 옛 동료도 그 입장에서는 충분히 그랬어야 했을 것이다. 내가 그런 시행착오를 거쳐 깨달은 한 가지는 나의 부탁으로 옛 동료를 곤란하게 해서는 안 된다는 것이다.

열 번, 백 번 생각해 보고 누가 보아도 해당기관의 방침이 불합리한 것이 아니라면 말도 꺼내서는 안 될 일이다. 공직에 있어본 사람이라면 그것이 부탁할 일인지 아닌지를 충분히 판단할 수 있다. 부탁할 사안이 아님을 알면서도 부탁하는 것은 옛 동료를 곤경에 빠뜨리고 자신도 불행해지는 우를 범하는 것이다. 부탁할 일이라도 한두 번이지 매번 찾아가 조르면 옛 동료에게 큰 누를 끼치는 것이다.

기업에 왔으면 경영자로 승부를 걸어야지, 로비스트가 되어서는 안 된다. 기업으로 왔으면 자신이 있던 공직에 얼씬거리지 말아야 한다. 공직에 있을 때는 공직에 충실하면 되고, 기업에 와서는 경영에 충실하면 성공은 못하더라도 실패하지는 않는 변신이 될 것이다.

기업도 기왕에 관료 출신을 영입했으면 그가 훌륭한 경영자로 성장할 수 있도록 배려해야 한다. 나처럼 경영자로 변신한 관료 출신 후배 가운데는 가끔 경영에만 전념하지 못하는 이들이 있다. 안타까운 일이다. 심지어 어떤 기업은 전관예우를 이용해 로비를 시키다가 약효가 떨어지면 용도 폐기하는 경우도 있다. 관료 출신 경영자는 기업에서 출발한 경영자들이 갖지 못한 경험과 지식이 있다. 기업 경영에 이를 잘 활용하면 엄청난 시너지 효과를 낼 수 있다. 그들이 훌륭한 경영자로 변신할 때 기업도 크게 성장할 것이다. 그것은 틀림없는 사실이다. 내가 입증했다.

변신하는 것은 여자든 남자든 모두 무죄다. 하지만 초심을 잃는 변심은 유죄다.

차라리 뒤통수를 내줘버려

우리 인간에게 시기와 질투를 빼면 과연 뭐가 남을까. 사촌이 땅을 사도 배가 아픈데 피 한 방울 안 섞인 남이 잘되는 것이야 참을 수 없는 고통일지도 모른다. 더구나 같은 조직 안에서 경쟁하는 동료라면 그 고통은 표현할 수 없을 정도일 것이다.

불도저처럼 밀어붙이는 성격 덕에 정면승부에서 져본 적이 없는 나도 뒤통수를 때리는 것은 피하지 못할 때가 한두 번이 아니었다. 공직에 있을 때도 그랬지만 기업으로 자리를 옮긴 후에는 뒤통수에

딱지가 앉을 정도로 모함과 배신이 끊이지 않았다. 아무래도 외부에서 영입된, 나이도 어리고 기업 경험도 짧은 내가 경영을 혁신하고 부실회사를 회생시키는 것이 영 얄미웠던 모양이다.

보스가 불러 가보면 나에 대한 이런저런 얘기가 들린다고 했다. 보스도 어느 대목에서는 반신반의하는 눈치였다. 하지만 나는 그런 모함에 일일이 해명하지 않았다. 해명하는 것 자체가 나를 초라하게 만든다고 생각했기 때문이다. 보스는 부정하지도, 그렇다고 시인하지도 않는 나에 대해 더 이상 아무 말도 하지 않았다.

침묵이 인정으로 간주되곤 하지만 그래도 항변하는 것보다 침묵하는 것이 낫다. 누가 나를 음해하려고 했다면 그것은 분명 과거에 내가 무엇을 잘못했다거나 앞으로 잘못할 것이라는 얘기일 것이다. 둘 다 아니라고 항변하거나 해명할 필요가 없다. 내가 무엇을 잘못했다면 언젠가는 그 결과가 나타날 것이고, 앞으로 잘못할 거라는 것은 아직 일어난 일이 아니므로 나조차도 그것이 잘하는 것인지 잘못하는 것인지 알 수 없기 때문이다. 모두 증거가 없거나 예측할 수 없는 일이다.

그들이 나를 모함하는 것을 나는 충분히 이해할 수 있었다. 그들은 이 회사에서 평생을 바쳐 일해 온 사람들인데 밖에서 들어온 나 같은 사람이 혁신을 한다며 좌충우돌하는 것을 고운 시선으로 볼 수는 없었을 것이다.

친구들은 내게 모난 돌이 정 맞는 법이니 너무 나서지 말라고 조언하기도 했다. 보스가 처음부터 중책을 맡기는 것도 시험하기 위한 것이라며 조금은 정치적으로 처신하라고 충고하기도 했다. 하지만 나는 시험을 하는 것이라면 당당하게 시험을 받겠다고 했다. 어떤 정치적인 고려도 하지 않고 내가 가진 능력을 다 발휘해 성공적으로 임무를 완수하겠다고 올인 했다.

누군가에게 뒤통수를 맞는 것이 결코 유쾌한 일은 아니다. 믿었던 사람에게 뒤통수를 맞는 것은 더 아프다. 하지만 내 경험으로는 맞은 사람보다 때린 사람이 잘되는 경우는 없었다. 아무 잘못도 없는 나를 시기해 모함한다는 것은 달리 생각하면 그만큼 내가 잘나가고 있다는 증거다. 누군가 나를 모함할 때가 오히려 자신감과 자부심을 가질 수 있는 기회가 된다. 남들이 부정적으로 나를 볼수록 긍정적인 마인드를 갖게 되는 역설의 힘이 있다. 내가 정말로 잘못된 길로 가고 있는 것을 안타깝게 여기는 사람이라면 나의 보스가 아니라 나에게 직접 지적했을 것이다.

나는 나를 모함하는 사람이 누구인지 충분히 짐작할 수 있었다. 하지만 단 한 번도 그들에게 왜 그랬느냐고 문제 삼지 않았다. 내가 그런 말들에 흔들리지 않는 것을 보고 보스도 그 후로는 다른 사람들이 찾아와 나를 모함하는 얘기를 해도 내게 전하지 않았다. 모든 일이 끝난 후에야 웃으며 그런 얘기가 들리더라곤 했다. 나는 보스도 침묵의 위력을 아는 사람이라고 생각했다. 모함을 받을 때마다 나는 침묵하거나 웃어넘겼다. 그런데 나중에 나를 모함한 사람이 찾아와 사과했다. 내가 그들을 두려워하지 않을 수 있었던 것은 우선 내가 떳떳하고 보스가 그런 나의 진심을 믿어주었기 때문이다.

조직생활에서만 뒤통수를 맞았던 게 아니다. 사람을 너무 잘 믿는 성격 탓에 크고 작은 사기와 배신을 당한 적이 적지 않다. 하지만 그랬던 사람들이 끝내 잘되는 것을 본 기억은 없다.

모난 돌이 정 맞는 것도 숙명이다. 어차피 맞아야 할 숙명이라면 분개할 이유도, 스트레스 받을 필요도 없다. 그저 진심이 통할 때까지 기다리다 보면 그런 시기와 질투, 모함, 배신이 한낱 스쳐 지나가는 바람에 지나지 않는다는 것을 알게 되었다. 그런 것들에 일일이 대응하느라 시간을 낭비하지 말고 내 실력을 더 발휘할 수 있도록 매진하는 것이 나를 제대로 입증하는 것이다. 다른 사람들의 시선과 비난을 즐겁게 참는 법을 터득할 수만 있다면 훨씬 행복한 도전과 성공을 만들어낼 수 있다.

역시 사람이다

위대한 투자가는 재무제표가 아니라 사람을 본다.

동양생명 사장으로 부임하고 나서 나는 다른 생명보험사를 인수하기로 계획하고 있었다. 그러나 당시는 외환위기 때라 국내 자본을 유치하는 것은 엄두도 못 내었고, 천생 외자를 끌어와야 했는데 아무도 선뜻 투자 의사를 밝히지 않았다. 회사 안팎에서는 타 생보사를 인수하는 것은 무리라는 의견이 지배적이었다. 하지만 나로서는 동양생명을 경쟁력 있는 회사로 키우기 위해서는 M&A인수합병가 반드시 필요했다.

고심하던 중에 미국계 투자사 로스차일드펀드를 섭외할 수 있었다. 내 사무실에서 그쪽 회장인 윌버 로스와 단둘이 만났다. 그는 내가 어떻게 단기간에 동양생명의 경영을 정상화시키고 있는지 궁금해 했다. 나는 회사를 살리기 위해 한 일과 하고 있는 일, 앞으로 회사를 키우기 위해 할 일을 있는 그대로 설명해 주었다.

한 시간쯤 지나 그는 대화를 마무리하려고 했다. 그러더니 갑자기 그 자리에서 투자의향서에 사인을 하겠다고 말했다. 자그마치 500억 원이나 되는 기대 이상의 금액이었다. 나는 기쁘면서도 당혹스러웠다. 고작 한 시간 동안 이야기를 한 것뿐인데 그 엄청난 돈을 투자하겠다고 결정하다니. 내가 물었다.

"도대체 무엇을 믿고 처음 만나 이렇게 짧은 시간에 결정을 내릴 수 있습니까?"

그가 대답했다.

"나는 투자할 때 재무제표보다 사람을 봅니다. 투자를 결정하기 전에 반드시 그 회사의 CEO를 만나 회사를 제대로 키울 사람인지, 망하게 할 사람인지 판단합니다. 당신은 회사를 키울 사람이라는 확신이 들었습니다."

나중에 안 일이지만 윌버 로스는 나를 만나기 전, 나와 회장에 대해 충분히 조사를 했다고 한다. 그 후 1년 넘도록 치열하게 협상한 끝에 500억 원을 투자 받아 태평양생명을 인수할 수 있었다. 최종 투자계약서에 서명하면서 윌버 로스가 웃으며 내게 말했다.

"You are very tough guy!"

나도 웃으며 답례했다.

"You, too!"

태평양생명을 성공적으로 인수한 것은 당시 동양생명의 규모를 두 배 이상 키웠으며 이후 성장을 이끄는 원동력이 되었다. 하지만 나는 그보다 더 큰 것을 얻었다. 바로 윌버 로스가 가르쳐준 '재무제표보다 사람을 본다.'는 투자의 원칙이었다. 그 후로 나는 회사 자산을 운용하고 투자할 때마다 임직원들에게 "사람을 보고 투자하라."라고 강조했다.

결국 기업은 사람이다. 사람이 기업을 만들고 키우고 이끌어가는 것이다. 물론 기업을 망하게 하는 것도 사람이다. 직원은 비용이 아니라 자산이다. 중요한 것은 회사를 키울 자산인가, 망하게 할 자산인가다. 경영자란 사람을 경영하는 사람이다. 인재를 발굴하고 그가 능력을 가장 잘 발휘할 수 있는 자리에 배치할 수 있어야 한다.

나는 오랫동안 경영자로 일하면서 여러 회사의 많은 직원을 겪어보았다. 그리고 어떤 직원이 인재가 되고 어떤 직원이 악재가 되는지 알게 되었다. 그리고 그것을 미리 알 수 있는 방법 몇 가지를 깨달았다.

우선 뽑았으면 믿어야 한다. 믿을 수 없는 사람이라면 처음부터 뽑지 말았어야 했다. 그리고 일을 맡겼으면 믿어야 한다. 믿을 수 없는 사람은 아예 일을 맡기지 말았어야 했다. 인재로 키우고 싶은 사람이라면 골치 아픈 문제보다 성과를 보여줄 수 있는 일을 맡기는 것이 좋다. 사자가 새끼를 키우듯 벼랑 밑으로 떨어뜨리는 것은 바람직하지 못하다. 아까운 인재를 사지로 몰아넣을 수도 있기 때문이다. 아끼는 인재일수록 성과를 낼 수 있는 기회를 최대한 많이 주는 것이 현명하다. 그렇게 성장한 인재는 정말로 회사가 위기에 처했을 때 능력을 발휘할 것이다.

직원이 인재가 될지 안 될지가 아리송할 때는 그를 다시 채용한다고 가정해보면 답이 보일 것이다. 뽑겠다는 마음이 있다면 인재가 될 가능성은 있는 것이다. 뽑지 않겠다는 마음이 들면 고민하지 말고 바로 해고하는 편이 낫다. 주의할 점은 마음에 들고 안 드는 것을 감정적으로 해석하는 것이다. 한 번 실수했다고 흥분해 채용한 것을 후회하고 쉽게 해고해서는 안 된다. 이런 가정도 도움이 된다. 그가 갑자기 나를 찾아와 회사를 그만두겠다고 할 때, 붙잡겠다는 마음이 생길까, 아니면 내심 쾌재를 부를 것인가 상상해보는 것이다.

당신의 회사에는 둘 중 어떤 직원이 더 많은가. 또 당신이 직원이라면 어떤 사람에 해당하는가.

나는 CEO로 있으면서 부실기업을 회생시키는 일을 많이 했다.

구조조정을 하는 과정에서 가장 힘들고 우울한 순간은 역시 사람을 내보내야 할 때였다. 나를 더욱 힘들게 한 것은 남아주었으면 하는 인재가 떠나려고 하는 것과, 떠나주었으면 좋겠다 싶은 직원이 외부압력으로 자리를 보전하려고 하는 것이었다. 붙잡고 싶은 사람을 다 붙잡지는 못했지만, 그나마 다행스럽게도 내보낼 사람을 압력에 굴해 내보내지 못한 경우는 단 한 차례도 없었다.

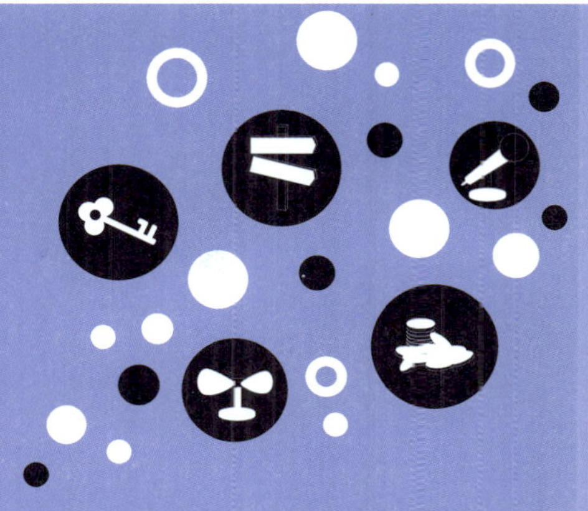

2. 일단 저질러봐

기회는 과거에도 있었을지 모르고, 미래에도 얼마든지 있을 수 있다. 하지만 우리가 붙잡을 수 있는 기회는 현재의 기회다. 쇠뿔은 단김에 빼야 하고, 쇠는 달구어졌을 때 내리쳐야 한다.

일단 저질러봐

인생에서 얻은 한 가지 깨달음은 안 하고 후회하는 것보다
해보고 후회하는 것이 낫다는 것이다.

인간의 유형을 햄릿형과 돈키호테형으로 나누곤 한다. 죽느냐,
사느냐 끊임없이 갈등하는 우유부단한 사람이라면 햄릿형에 가까
울 것이고, 앞뒤 안 가리고 옆도 보지 않고 창을 들고 돌진하는 사
람이라면 돈키호테형에 가깝다고 할 것이다.

나는 확실히 돈키호테형인 것 같다. 이것저것 다 재고 나면 할 수
있는 게 아무것도 없다는 것이 내 생각이다. 고민하는 것도 좋고 때
론 갈등도 필요하다. 심사숙고할 일은 심사숙고해야 한다. 하지만

내 경험으로는 결단을 내려야 할 순간에 결단을 내리지 못해 일을 그르친 경우가, 앞뒤 안 재고 밀어붙이다 실수하는 경우보다 더 많았던 것 같다. 언젠가 라디오 광고에서 이런 얘기를 들었다.

"난 인생은 탭댄스라고 생각해. 생각이 많으면 박자를 놓치지."

무척이나 공감이 가는 대기다. 우리가 운이 좋다고 할 때 그 운이 무엇일까 생각해보면 결국, 타이밍이 아닐까 한다. 기회가 올 때 딱 붙잡는 절묘한 타이밍, 그것이 바로 운이다. 실패란 결국 성공할 기회가 없었던 것이 아니라 그 기회가 왔을 때 잡지 못한 것이다. 기회를 놓치는 실기가 실패를 부른 것이다.

신이 공평하다는 것을 나는 믿는다. 신이 모든 사람에게 재물이나 재능을 똑같이 주었다는 얘기가 아니다. 누구에게나 같은 시간을 주고 충분한 기회를 준 것이다. 주어진 시간을 어떻게 활용하느냐에 따라, 찾아온 기회를 붙잡고 놓치느냐에 따라 성공과 실패가 결정된다.

시간을 잘 활용하는 것은 그만큼 노력한다는 얘기다. 아침형 인간을 넘어 새벽형 인간이 되어야 한다는 얘기도 결국 시간관리로 본 인간형이다. 나는 새벽형은커녕 아침형도 아니다. 나이가 들어도 아침잠이 줄지 않고 밤늦도록 책을 읽거나 TV를 보고 있으니 굳이 말하자면 나는 '밤증형'이 아닐까 한다. 아침형이나 새벽형 인간이 성공한다는 게 사실이라면 나는 실패했어야 한다.

혹시 내가 그동안 살아온 인생이 성공적이었다면 아마도 시간을 잘 관리했다기보다는 기회가 왔을 때 제대로 붙잡은 것이 비결일 것이다.

기회를 붙잡을 수 있다는 것은 그만큼 자기확신이 있다는 얘기다. 기회가 왔는데도 생각이 많고 고민이 많아 망설이고만 있다면 자기확신이 부족한 것이다. 어렵게 찾아온 기회를 놓치고 나서야 땅을 치며 후회하지만 누구도 원망할 수 없다. 자신을 원망하는 수밖에.

요즘 젊은 사람들을 보면 너무 고민이 많은 것 같아 안쓰럽기까지 하다. 모든 경우의 수를 다 생각하고 이건 이래서 안 되고, 저건 저래서 안 된다고 한다. 인터넷에 접속하기만 하면, 스마트폰을 켜기만 하면 너무나 많은 정보, 넘쳐나는 자료가 있다. 그것은 경험치가 아니라 모두 선험先驗치다. 아직 경험하지 않은 것이 경험을 앞지르고 있다. 그런 선험적인 자료와 정보는 세상에 한창 부딪쳐야 할 젊은이에게 때론 유혹이 되어 오도하고, 때론 두려움으로 앞을 막는다. 그런 유혹과 두려움 때문에 조금의 리스크도 감수하지 않으려는 완벽주의자 같은 모습을 보면서 감탄하다가도 씁쓸한 생각이 들곤 한다.

젊을 때는 객기도 부릴 줄 알고 조금은 서툴기도 하고 무턱대고 덤비다가 상처도 좀 나고 실패하면 다음에 잘하면 되지 하고 툴툴

털고 하는 그런 맛이 있어야 한다. 20대 청년이 70대 노인들처럼 돌다리도 두드리고 쇠다리도 두드리면 너무 서글픈 일 아닌가.

비단 젊은 사람들만 그런 건 아니다. 경영자들도 언젠가부터 너무 몸을 사려 적극적으로 사업을 펼치지 못하는 것 같아 아쉽다. 그들은 언제나 '검토 중'이다. 만년필을 손에 들고 뚜껑도 열지 못한 채 어쩌면 결재하기까지 만년이 걸릴지도 모른다. 그렇게 우물쭈물하는 사이 성공의 기회와 절호의 찬스는 그물에서 물이 빠져나가듯 모두 사라져버리고 말 것이다. 어떤 성공도 그 결단의 순간은 단 한 번뿐이다. 바로 햄릿형 CEO들이 간과하는 이치다. 주목할 것은 햄릿은 결국 비극으로 끝났다는 사실이다. 아마도 외환위기와 세계적인 금융위기를 겪으면서 위기관리에 대한 강박관념이 경영자들의 뼛속까지 스며든 모양이다. 그런데 주목할 사실이 하나 있다. 성공한 기업들이 비약적으로 성장한 것은 대부분 불황을 겪는 와중이었다는 것이다. 모두가 안 된다고 할 때가 더없이 좋은 기회다. 위기를 기회로 삼는 경영자가 성공의 기쁨을 만끽할 것이다. 요즘은 배짱 있는 경영자가 그립기까지 하다.

세상에 돈키호테만 있으면 온통 사고투성이일 것이다. 하지만 햄릿만 있으면 아무런 일도 일어나지 않을 것이다. 모두가 계속 고민만 하느라 어떤 시도도 하지 않을 테니까. 기왕이면 햄릿보다 돈키호테가 많은 게 더 나을 것 같다. 세상이 좀 다이내믹하기도 하고,

인생이 웬만큼은 희로애락이 있어야 살맛이 나지 않을까.

너나 할 것 없이 불확실성을 얘기한다. 아무리 호시절이라도 미래는 언제나 불확실성으로 가득하다. 아직 일어나지도 않았고 어떻게 될지 아무도 알지 못하는 것이 미래다. 역설적으로 들릴지 모르지만 불확실성은 가능성이 그만큼 크다고 볼 수 있다. 불확실성의 가능성을 확신하는 사람만이 내일의 승자가 될 수 있다.

일단 저질러놓고 이를 달성하기 위해 '하면 된다'는 긍정의 마인드로 올인 하는 것이 불확실성의 시대에 성공하는 가장 확실한 길이다. 나는 안 될 거라는, 안 되면 어쩌나 하는 생각으로 도전한 적이 없다. 돌이켜 보면, 일단 저질러놓고 완성하기 위해 올인 한 인생이었다.

후회라고 다 같은 후회가 아니다. 내 인생을 통틀어 한 가지 깨달은 것이 있다면 무슨 일이든 안 하고 후회하는 것보다 해보고 후회하는 것이 낫다는 것이다.

두려움은 아무것도 아니다. 피하지 말고 직시하라.

가방모찌의 도전

지칠 때마다 나는
그 옛날 이를 악물고 덤벼들던 그 친구를 생각했다.

철없던 초등학교 저학년 때 일로 기억한다. 그 시절 나는 공부도 잘하고 싸움도 잘하는 '우등 악동'이었다. 아무도 내게 싸움을 걸어오지 않았다. 그야말로 거칠 것이 없는 '지존'이었다. 내 주위에는 언제나 친구들이 모여들었고, 다들 내게 잘 보이려 애를 썼던 것으로 기억한다.

나는 싸움을 잘하는 것이 무슨 큰 벼슬이라도 되는 줄 알고 언제나 으스대며 학교에 다녔다. 아마 어린 나이에도 권력의 달콤함을 느꼈던 모양이다. 그러던 어느 날 나는 일생일대의 도전을 받게 되었다.

당시 학급 친구 중에 아주 순한 아이가 있었다. 하지만 그 아이를 놀리거나 따돌리는 아이들은 없었다. 바로 나 때문이었다. 그 아이는 우리 옆집에 살고 있어 언제나 나와 함께 등하교를 했다. 다른 친구들이 그 아이를 괴롭히지 못한 이유는 단지 우리 옆집에 살고 나와 함께 학교에 다니기 때문만은 아니었다.

그 친구는 항상 등하굣길에서 내 가방을 들어주었기 때문이다. 지금 와 생각하면 우스운 얘기지만, 친구는 내 가방을 들어주는 대신 나의 비호를 받아 다른 아이들로부터 괴롭힘을 당하지 않을 수 있었던 것이다.

그 친구는 비가 오나 눈이 오나 언제나 내 가방을 들어주면서도 불평 한마디 하지 않았다. 그런데 어느 날 아침, 여느 날처럼 집 앞에서 만나 학교에 가려는데 어찌된 영문인지 친구가 가방을 들지 않겠다고 하는 것이 아닌가.

나는 갑작스런 친구의 태도가 당혹스럽기도 했지만, 그 이유가 궁금했다. 나는 "그동안 잘 들어주던 가방을 왜 들지 않겠다고 하느냐?"고 물었다. 친구가 대답했다.

"애들이 네 가방모찌라고 놀리잖아. 그래서 이제부턴 네 가방 안 들 거야."

요즘 일본어를 배우면서 알게 되었는데, '모찌もち'는 '소유', '담당', '가진 사람'이라는 뜻으로 가방모찌는 상사의 가방을 들고 수행하는 비서를 말한다. 이 말이 우리나라에 들어와 '가방을 메고 따라다니며 시중드는 사람'이란 의미로 사용되고 있지만 삼가야 할 표현이다.

아무튼 그때는 녀석이 은혜를 원수로 갚는다는 생각이 들기도 하고, 녀석한테 망신을 당한 것 같아 화를 내며 가방을 들라고 했다. 하지만 녀석은 단단히 작정을 한 모양이었다. 내 말은 들은 채도 않고 학교를 향해 뛰어가 버렸다. 나는 약이 올라 녀석을 쫓아가 교실에서 흠씬 두들겨 주었다. 그런데 어찌된 일인가. 평소에 온순하기만 하던 녀석이 내게 얻어맞으면서도 계속 덤볐다. 넘어지면 다시 일어나 달려들었다. 물론 싸움은 일방적이었다. 수업 시작종이 울려 싸움을 멈췄을 때 친구는 얼굴이 벌겋게 부어 있었다.

그날 저녁 친구의 어머니가 집으로 항의방문을 했고, 나는 야단을 맞았다. 야단맞으면서도 나는 반성은커녕 녀석에게 복수할 생각뿐이었다. 다음날 아침 나는 녀석이 나오기를 기다렸다 다시 가방을 들라고 했다. 하지만 녀석은 들은 채도 하지 않고 또 학교로 가 버렸다. 또 일방적인 싸움이 벌어졌다. 그 다음날도, 또 다음날도 그의 도전은 계속되었고 나의 응징도 계속되었다.

그런데 도무지 이해할 수 없는 일이었다. 나는 때리고, 녀석은 맞았는데 이상하게도 지쳐가는 쪽은 녀석이 아니라 나였다. 결국 나는 녀석의 굴하지 않는 도전에 항복하고 말았다. 그 후로 녀석이 내 가방을 드는 일은 없었다. 그렇다고 다른 아이들에게 놀림을 받거나 따돌림을 당하지도 않았다. 오히려 그의 불굴의 칠전팔기를 지켜본 아이들은 녀석을 나보다 더 두려워하는 눈치였다. 나는 생각이 복잡해졌다.

'참 이상한 일도 다 있지. 항상 싸움은 내가 이겼는데, 왜 녀석이 챔피언이 된 것 같을까?'

초등학교 교실을 벗어나 대지로 나온 나는 입시와 고시에서, 공직에서, 그리고 비즈니스 현장에서 지금까지 전쟁 같은 경쟁을 숱하게 치러야 했다. 그 전장은 초등학교 교실이 아니었다. 그곳에서 나는 챔피언이 아니라 언제나 도전자였다.

도전하는 것이 지칠 때마다 나는 그 옛날 가방모찌가 되기 싫다며 이를 악물고 덤벼들던 그 친구를 생각했다. 회사를 기사회생시킬 때도, 선발주자들에 맞서 시장점유율을 높일 때도 나는 그 친구의 도전정신을 추억했다.

최고의 멘토는 바로 나

"나는 네게 수많은 얘기를 해줄 수 있지만,
결국 선택과 결정은 네가 하는 거야."

언젠가부터 멘토라는 말이 유행하기 시작했다. 멘토링이란 말도 따라 나왔고, 멘토에게서 멘토링을 받는 사람을 멘티라고 했다.

불확실한 시대를 살다 보니 등대와 길잡이가 되어줄 누군가를 찾게 된 것이 멘토라는 말을 유행시킨 것은 아닌가 한다.

그리스 신화에 나오는 오디세우스 왕이 트로이 전쟁에 출정하면서 집안일과 아들 텔레마코스의 교육을 친구인 멘토에게 맡긴 것에서 멘토라는 말이 유러되었다. 오디세우스가 전쟁에서 돌아오기까지 10여 년 동안 친구 멘토는 텔레마코스 왕자에게 친구, 선생님, 상담자, 때로는 아버지가 되어 주었다. 그 후로 멘토라는 이름은 지혜와 신뢰로 한 사람의 인생을 이끌어주는 사람의 의미로 사용되었다.

나보다 먼저 인생을 살았거나 어떤 분야에서 먼저 경험한 선배로부터 조언을 듣는다면 그만큼 시행착오를 줄일 수 있는 이점이 분명히 있을 것이다. 그런데 세상이 온통 멘토들로 넘쳐나는 것 같아 걱정스럽기도 하다. 이렇게 하라는 사람, 저렇게 하라는 사람은 많은데 도무지 누구 말을 믿고 따라야 할지 갈등에 빠지는 젊은이도 많은 것 같다.

멘토의 유래를 만든 오디세우스처럼 나 역시 아들아이를 위한 멘토가 절실할 때가 많았다. 가장 힘든 순간은 아들이 대학에 진학할 때였다. 아들은 명문 공대와 의대에 동시에 합격해 행복한 고민에 빠졌다. 나는 아들의 멘토가 되어 줄 만한 지인들을 만나 조언을 구했다. 의대와 공대 출신의 친구들을 만나 그들이 30여 년 전에 선택한 진로에 대해 어느 정도 만족하는 지까지 들어 보았다. 예상했던 대로 절대 다수가 의대에 진학하라고 멘토링을 했다. 아내 역시 아들이 의대에 가기를 간절히 바라는 눈치였다.

그런데 아이는 나와 아내가 의뢰한 수많은 멘토의 추천을 무색하게 만들었다. 아들은 고심 끝에 의대가 아닌 공대를 선택했다.

나는 아이에게 그 이유를 물었다. 아이는 조금도 주저하지 않고 대답했다.

"창조적인 삶을 살고 싶어서요."

아들이 공대를 의대보다 창조적이라고 생각한 이유에 대해서는 이론의 여지가 있겠지만, 나는 의대든 공대든 아들이 창조성을 지향하고 있다는 사실에 주목했다. 그래서 나 역시 아들의 대답처럼 간결하게 한마디를 했다.

"나는 너를 믿는다."

아들아이는 대학을 졸업할 때 다시 한 번 취업과 유학을 놓고 선택의 기로에 섰다. 인턴으로 근무하던 글로벌기업을 택할 것인지, 계속 공부를 할 것인지를 두고 고민하고 있었다. 수재 소리를 들으며 대학을 수석으로 졸업한, 장래가 촉망되는 아들에게도 요즘의 세상은 그리 간단해 보이지 않았다. 안쓰러운 마음에 나는 아들아이가 판단하는 데 도움이 될 만한 전문가들을 몇 소개시켜 주었다. 멘토를 만들어 주고자 했던 것이다. 하지만 여러 멘토의 멘토링에도 아이는 단번에 결정을 내리지 못했다.

　답답한 심정에 나는 아버지인 내가 직접 멘토가 되어 주어야겠다고 생각했다. 나는 아이의 생각을 충분히 들어주었다. 그런 다음 이 한마디만 했다.

　"나는 네게 수많은 얘기를 해줄 수 있지만, 결국 선택과 결정은 네가 하는 거야."

　아이는 꽤나 실망스러운 표정을 지었다. 어쩌면 섭섭했는지도 모른다. 생각해 보면 나는 아이에게 늘 그랬던 것 같다. 아이가 수험생일 때도 다른 집 학부모들이 입이 닳도록 했을 "공부해라"는 소리를 단 한 번도 해본 적이 없었으니까. 그건 딸아이에게도 마찬가지였다.

　나의 멘토링이 실망스럽고 섭섭했는지는 모르지만, 아들아이는 그 후로 혼자 고민하기 시작했다. 마치 세상에 믿을 사람은 아무도 없다는 생각으로. 어떤 날은 술에 취해 들어오는 날도 있었지만, 나는 나무라지 않았다. 그러던 어느 날 아들은 유학을 떠나기로 결심했다고 했다. 나는 미소를 지으며 대답했다.

　"응, 좋은 생각이야. 아주 잘 결정한 것 같다."

아이는 자신의 결정이 잘되었다는 나의 대답에 무척 흡족해 했다. 하지만, 나는 아들아이가 다른 결정을 했다고 해도 똑같이 말해 주었을 것이다. 이유는 간단하다. 어느 쪽이 좋을지는 다무도 알 수 없고, 자신의 인생은 자신이 결정하는 것이니까.

아들은 지금 미국 대학에서 열심히 공부를 하고 있다. 페이스북으로 아이와 소식을 주고받는데 언젠가 아이가 이런 게시지를 남겼다.

'이 또한 지나가리라.'

고대 이스라엘의 다윗 왕이 전쟁에 크게 승리한 후 장안 제일의 세공사를 불러 자신을 기리는 아름다운 반지를 만들라고 지시하면서 "내가 승리를 거두어 기쁨을 억제하지 못할 때 자저할 수 있고, 동시에 절망에 빠졌을 때 좌절하지 않고 용기를 얻을 수 있는 글귀를 새겨 넣으라."라고 했다. 고민하던 세공사는 지혜롭기로 소문난 솔로몬 왕자에게 조언을 구했다. 솔로몬 왕자는 한참을 고심하다가 절망과 기쁨을 초월해 평정심을 되찾는 황금 문구를 찾아냈다. 그것이 바로 '이 또한 지나가리라.'다.

나는 아들의 메시지를 읽으면서 그 아이가 지금 힘들어하고 있음을 알았다. 동시에 나는 아들이 솔로몬 왕자처럼 힘든 순간을 지나는 지혜를 터득할 것이라고 믿었다.

아무리 좋은 멘토를 만나 아무리 훌륭한 멘토링을 받는다고 한들 끊임없이 변하는 세상에서 완벽한 멘토링이 있을 수 있을까. 멘토로서 내가 아들에게 해줄 수 있는 멘토링은 이 한마디뿐이다.

"나는 언제나 너를 믿는다."

지금보다 좋은 기회는 없다

망설여질 때마다 '후회 없이'라는 말을 떠올려라.

일단 저지르고 보는 나의 인생 역정에서 잊을 수 없는 스토리 가운데 하나는 미국유학이다. 시골에서 자라 공무원이 된 나에게 해외유학이란 상상하기 힘든 것이었다. 그런데 경제기획원에 근무하던 어느 날, 미국으로 공부하러 가게 되는 행운을 얻었다. 그것도 교통정책 분야에서 세계 최고의 권위를 자랑하는 미국 노스웨스턴대 교통센터TC로 유학을 떠나게 된 것이다.

하지만 나는 유학을 떠날 준비가 하나도 되어 있지 않았다. 영어

시험을 치르는 것부터 문제였다. 지금도 그렇지만 당시에도 유학에 필요한 토플과 GRE시험을 치르려면 1~2년은 미리 신청하고 공부하는 것이 일반적이었다. 그런데 나는 그럴 시간적 여유가 없었다. 유학할 미국 대학에 성적을 보내고 입학허가를 받기에도 시간이 빠듯했다. 그런데도 나는 밀어붙였다. 평소 영어실력으로 부딪쳐보기로 하고 수험번호도 없이 당일 접수해 당일 시험을 치르는 워크인_{walk-in}으로 응시했다. 그렇게 해서 받은 성적으로 미국에 갈 수 있게 되었다.

아내와 아이를 데리고 떠난 미국유학길은 설렘 반 불안 반이었다. 미국에 도착한 순간 나는 막막하기 짝이 없었다. 언어도 생활방식도 다른 곳에서 늦깎이로 전문적인 공부를 한다는 것은 여간 힘든 게 아니었다.

번갯불에 콩 구워먹듯 입학허가를 받았으니 기숙사에 자리가 있을 리 만무했다. 그렇다고 아내와 어린 아이를 데리고 호텔에 머물수도 없는 노릇이었다. 나는 또 부딪쳐보기로 했다. 학교 담당자를 붙잡고 통사정을 한 끝에 일주일 만에 방이 두 개 딸린 학생 아파트를 배정받을 수 있었다. 아주 이례적인 혜택이었다.

아파트에 입주한 후 나와 아내는 눈이 휘둥그레졌다. 당시 한국에서 살던 집은 연탄보일러로 난방을 했는데, 미국 아파트는 전기로 냉난방을 하고 있었다. 그 시절 나에게 미국은 신천지 같았다.

기숙사 문제가 해결되긴 했지만 부딪쳐야 할 일은 계속되었다. 내가 수강하는 과목 중에 유독 알아듣기 힘든 강의가 하나 있었다. 교수가 나처럼 늦깎이로 유학 온 학생을 전혀 배려하지 않고 전문적인 내용을 빠른 영어로 강의하는 통에 나는 강의내용을 정확하게 파악할 수 없었다. 도저히 안 되겠다 싶어 녹음기를 하나 구입해 교수를 찾아가 강의내용을 녹음해 복습하겠다고 했다. 교수는 자신의 저작권을 침해하는 것이라며 절대로 그럴 수 없다고 했다. 난감했다. 나는 또 부딪쳤다. 절대로 외부에 유출하지 않겠다고 다짐에 다짐을 한 끝에 교수를 설득할 수 있었다. 강의는 강의대로 듣고 집에 와서 녹음기를 틀어 부족한 부분을 보충하느라 나는 다른 학생들보다 두세 배는 더 힘들었다. 매일 집에서 새벽까지 공부하는 나를 보면서 아내가 말했다.

"그렇게 공부, 공부 하고 노래를 부르더니 원 없이 공부하게 되어 좋으시겠어요."

그렇게 자극하면 오기가 생겨 반드시 해내고 만다는 것을 아내는 잘 알고 있었다. 미국 학교에서 반드시 학위를 받아야 하는 것은 아니었다. 한국에 돌아와 정책에 적용할 만한 선진 시스템을 경험만 하고 와도 될 것을 필요 이상으로 공을 들인 것은 순전히 나의 오기 때문이었다. 내겐 지금이 아니면 이렇게 미국에 와 공부할 기회가 또 없을 것이라는 생각뿐이었다. 언제나 그렇듯 지금보다 좋은 기회는 없다. 그래서 나중에 후회하는 일이 없도록 정열을 다 바쳐 학업에 매진했다.

고군분투한 끝에 나의 학업은 기대 이상의 성과를 거두었다. 어린 친구들을 제치고 정해진 기간 안에 내가 쓴 논문이 통과되어 마침내 석사학위를 받았다. 학위를 받는 과정도 무작정 부딪친 것이었다. 당시 교통 분야에서 세계 최고의 명성을 자랑하는 지도교수는 논문을 쉽게 통과시켜주지 않는 것으로 유명했다. 나는 정면 돌파를 시도했다. 지도교수가 수립한 이론을 한국에서 입증하는 논문을 써 보리라고 목표를 세웠다. 하지만 미국에서 한국에 있는 사람들을 대상으로 교통수요통계 데이터를 수집한다는 것은 막막한 일이었다. 하지만 고지를 눈앞에 두고 8부 능선에서 포기할 수 없었다.

뜻이 있으면 길이 보인다고 했던가. 불현듯 대학시절 하숙집 주인어른이 떠올랐다. 하숙할 당시에는 중동고등학교 교감이었는데, 혹시나 하고 연락해 보았더니 진선여고 교장으로 근무하고 있었다. 그분은 오랜만에 연락한 나를 기억해 주었고 나의 긴급한 상황에 기꺼이 도움을 주겠다고 했다. 나는 '교통수요 예측모델'을 증명하기 위한 설문지를 항공우편으로 보냈다. 교장은 전교생을 대상으로 설문지를 작성해 다시 나에게 보내주었다. 그 짧은 시간에 그 많은 데이터를 확보했다는 것만으로도 큰 성과였다. 나는 논문을 쓰고 아내가 수동타자기를 빌려와 타이핑해 일사천리로 완성했다. 그 논문은 당시 작성자가 직접 참석해 두세 시간에 걸쳐 진행되는 까다로운 교수심의회를 통과했다. 나중에 알게 된 일이지만 그것은 아주 기록적인 일이었다. 내가 학위를 받고 귀국한 후 2년이 지난 어느 날, 그 대학원에서 나에게 많은 도움을 주었던 여사무원 베키 스미스로부터 한 통의 편지를 받았다. 편지에는 이런 구절이 있었다.

'미스터 구, 당신이 졸업한 이후 지금까지 아무도 졸업한 사람이 없습니다. 당신은 정말 위대한 학생입니다.'

내가 위대한 학생이었는지 잘 모르겠다. 나는 단지 안 되면 부딪치고 목표를 달성하기 위해 올인 했을 뿐이다. 공부는 때가 있다고 한다. 그 말은 학생일 때 공부해야 한다는 뜻만은 아닐 것이다. 공부할 기회가 왔을 때 나중에 후회하지 않도록 게으름 피우지 말고 매진하라는 얘기도 된다는 것을 나는 깨달았다. 나이가 들어 시작하더라도 공부의 때는 언제나 지금이다.

어느덧 공부를 마치고 귀국할 때가 다가오고 있었다. 알뜰한 아내는 이역만리에서 고생하면서도 약간의 돈을 저축했다. 귀국하면서 가전제품을 비롯해 살림살이를 장만해 돌아가고 싶어 했다. 그것은 그 시절 해외생활을 하다 귀국하는 사람들 사이에서 하나의 유행이었다. 나는 그런 아내의 소박한 꿈에 찬물을 끼얹을 만큼 어처구니없는 일을 저지르려고 했다.

"여보, 우리 이 돈으로 미국 여행 한번 제대로 하고 갑시다."

아내는 나의 말에 아연실색했다.

"뭐라고요? 이 돈을 여행하는 데 다 써버리자고요?"

나는 놀란 아내를 진정시키며 차근차근 말했다.

"당신이 놀랄 만도 하지. 하지만 내 얘길 한번 들어봐요. 나는 공부하느라, 당신은 나 뒷바라지하며 아이 키우고 살림하느라 변변히 나들이 한번 제대로 못하지 않았소? 그러니 떠나는 마당에 기념으로 못했던 미국여행 실컷 하고 가자는 것이오. 어쩌면 이번에 귀국하면 미국에 언제 또 올지도 모를 일이고 아직 젊을 때 후회 없이 미국 한번 제대로 돌아봅시다. 가전제품은 나중에 사면 되지만 이런 기회는 다시 오지 않을 수도 있잖소?"

'후회 없이'라는 말에 아내는 결국 내 뜻을 따르기로 했다. 그렇게 해서 장장 한 달에 걸친 우리 가족의 미 대륙 횡단이 시작되었다. 차를 몰고 시카고에서 LA까지 우리는 일생일대의 대장정에 올랐다. 같은 미국이라도 주마다 도시마다 다른 자연경관과 사는 모습을 둘러보며 시간 가는 줄도 힘든 줄도 모르고 달리고 또 달렸다. 새로운 경험에 취해 돌아다니다 보니 우리는 예산보다 훨씬 많은 돈을 여행경비로 써버리고 말았다. 당시 돈으로 3000달러가 더 되었다. 더 큰 낭패는 귀국할 항공료와 이사비용이 모자라게 된 것이다. 하는 수 없이 지인에게 부탁해 가까스로 귀국 경비를 마련할 수 있었다.

　지금 생각하면 가장으로서 대책 없이 무모한 도전을 했다는 생각이 들기도 한다. 그러나 그때 그런 결정을 하지 않았다면 미국이란 나라를 좀 더 넓게 관찰하고 이해할 수 있는 기회는 없었을 것이다. 그것은 가전제품이나 가구를 사간 것보다 훨씬 값진 경험이었다.

　기회는 과거에도 있었을지 모르고, 미래에도 얼마든지 있을 수 있다. 하지만 우리가 붙잡을 수 있는 기회는 현재의 기회다. 쇠뿔은 단김에 빼야 하고, 쇠는 달구어졌을 때 내리쳐야 한다.

나를 버려야 세상을 얻는다

나는 주민등록번호를 공개해
고객의 신뢰와 직원의 사기를 얻었다.

동양생명 사장을 맡았을 때의 일이다. 당시 동양생명은 후발주자였던 탓에 업계 순위에서 한참 아래에 있었다. 국내 생명보험업계 '빅3'에 비하면 인지도가 초라할 정도였다. 생명보험에 가입하는 사람들은 대부분 보험사의 규모와 유명세를 우선시하는 경향이 강했다. 사실 보험사는 어느 정도 규모만 되면 상품 자체는 경쟁사와 대동소이하다. 그래서인지 상품의 장단보다는 어느 보험사인지가 선택의 기준이 되고 있었다.

"

부임하고 나서 전국 지점을 돌며 설계사들을 만나 얘기를 나누어 보았을 때도 역시 낮은 인지도가 가장 큰 문제였다. 심지어 어느 설계사는 영업 현장에서 "동양생명"이라고 하면 "무슨 초코파이 만드는 데서 보험을 하느냐?"는 조롱 아닌 조롱을 당한 적도 있다고 했다. 그러다 보니 회사 로그와 설계사의 연락처가 박힌 판촉용 볼펜 따위를 돌리는 것 말고는 이렇다 할 마케팅 전략이 없었다.

어떻게 해서든 실적과 함께 설계사들의 사기를 올려야겠다고 생각한 나는 근본적인 문저를 제기했다. '동양'이라는 사명 때문에 현장에서 영업이 힘들어 실적이 개선되지 않는다면 방벽은 두 가지 중에 하나였다. '동양'이라는 사명이 보험사로서 탄탄한 인지도가 생길 때까지 알리든지, 아니면 '동양'이라는 사명을 과감하게 버리는 것이었다. 놀랍게도 나는 버리는 것을 택했다. 그리고 완전히 새로운 이름을 지어주었다. 지금은 너무나 유명해진 '수흐천사'가 바로 그것이다. 수호천사는 '고객을 요람에서 무덤까지 지켜준다'는 의미를 담고 있다. 지금은 보험사마다 자체 브랜드를 내걸고 영업하는 것이 일반적이지만, 당시에 '보험 브랜드'라는 개념은 없었다. 그러니까 수호천사는 개한민국 최초의 보험 브랜드라는 역사적인 이정표를 만든 셈이다. 나는 보험사가 브랜드를 만들었다는 사실만으로도 사람들에게 신선한 충격을 던져줄 거라고 생각했다.

브랜드를 런칭하는 가지막 단계인 광고 제작에 들어갔다. '수호천사'라는 브랜드를 어떻게 하면 단번에 확실하게 사람들에게 각인시킬 수 있을까 고심했다. 좀처럼 아이디어가 떠오르지 않아 애를 먹던 중 불현듯 오래 전 나의 시선을 사로잡았던 한 광고가 뇌리를 스쳤다. 바로 베네통 광고였다. 광고의 콘셉트는 베네통 CEO가 직접 모델로 출연한 것인데, 옷을 거의 걸치지 않은 채 마치 누드모델처럼 포즈를 취하고 있었다.

나는 무릎을 쳤다. '바로 이거다!' 사장인 내가 직접 광고 모델이 되겠다고 결심한 것이다. 그리고 '수호천사'의 첫 번째 가입자가 되어 수호천사가 보험 브랜드임을 알리기로 했다. 문제는 임팩트였다. 무언가 신선한 충격이 필요했다. 그렇다고 베네통 CEO처럼 옷을 벗을 수는 없는 노릇이었다. 나는 곰곰이 생각해 보았다.

'내가 실제로 수호천사에 가입했다는 사실을 보여주려면 어떻게 해야 할까?'

처음엔 보험 계약서를 보여주면 될 거라고 생각했다. 하지만 보험 계약서를 공개하는 것만으로는 부족할 것 같았다. 광고를 찍기 위해 소품으로 만들었다고 해도 할 말이 없으니까. 그렇다면 나의 진정성을 보여줄 수 있는 것은 무엇일까? 생각 끝에 나는 주민등록번호를 떠올렸다. 신문 광고에 나의 주민등록번호를 공개한다면 사람들에게 확실한 임팩트를 줄 수 있을 거라고 생각했다. 유명 로펌에 본인의 의사로 신문에 주민등록번호를 공개하는 것이 어떤 피해를 야기할 수 있는지 검토해 달라고 의뢰했지만, 판례가 없으니 경찰에 문의해 보라는 답변이 왔다. 하지만 경찰도 그런 선례가 없다며 어떤 문제가 발생하더라도 그것은 당사자가 책임져야 한다고 알려 왔다. 나는 주민등록번호 공개로 일어날 수 있는 모든 피해를 감수하기로 맘먹었다. 오히려 판례나 선례가 없다는 것은 나의 시도가 더 신선하다는 확신을 심어주었다.

드디어 결전의 날 아침, 전 일간지에 나의 주민등록번호가 선명하게 찍힌 전면광고가 일제히 실렸다. 반응은 기대 이상으로 대단했다. 광고가 실린 아침 출근길에 동부화재에 있을 때 함께 일했던 손건래 사장이 전화를 걸어 "구 사장, 대단해. 고객에게 확실하게 신뢰를 준 것 같네." 하며 극찬해 주었다. 나의 의도가 제대로 반영되었음을 느낄 수 있었다.

사장이 자신의 주민등록번호까지 공개했다는 사실은 대한민국 최초의 보험 브랜드 수호천사를 알리는 데 결정적인 역할을 했다. 직원들과 설계사들의 반응도 뜨거웠다. 사장이 적극적으로 브랜드를 알리기 위해 나섰다는 사실은 그들의 사기를 무서운 속도로 끌어올렸다.

사장이 자신의 주민등록번호까지 신문에 공개하면서 고객의 신뢰를 이끌어내려고 했던 노력은 하나의 충격이었다. 며칠 후 KBS 9시 뉴스에 '총수도 뛴다'는 보도에서 내가 모델로 출연한 수호천사 광고가 사례로 소개되기도 했다. 당시 4대 그룹 총수와 함께 전문경영인인 내가 소개된 것은 동양생명의 위상을 높이는 데 크게 기여했다. 뉴스가 나간 후 젊은이들 사이에 '수호천사'라는 말이 유행하게 되고 급기야 '수호천사'라는 제목의 TV 드라마까지 나오면서 단기간에 브랜드 인지도를 높일 수 있었다. 물론 실적에도 반영이 되었다.

내가 광고모델로 나선 이야기는 해외에서도 화제가 되었다. 광고가 나간 지 얼마 되지 않아 일본 〈아사히신문〉에서 인터뷰 요청을 해 왔다. 신문은 고객이탈을 막기 위해 CEO가 프라이버시의 근간인 주민등록번호까지 공개하며 '발가벗고' 고객의 신뢰를 얻는 승부수를 던졌다고 보도했다.

1989년 창업 이래 10년 연속 적자를 내던 동양생명은 내가 사장으로 부임한 지 1년 만에 처음으로 흑자를 내었다. 철저하게 손익 위주로 경영한 결과이기는 했지만 직원들이 나를 믿고 따라준 데는 회사를 위해 내가 나를 던진 것이 큰 영향을 주었을 것이다.

때로는 나를 버리는 것이 세상을 얻는 방법일지도 모른다. '동양'이라는 사명을 버려 우리는 '수호천사'라는 역사적인 브랜드를 얻었고, 나는 프라이버시 중 하나인 주민등록번호를 공개해 고객의 신뢰와 직원의 사기를 얻었으니까. 물론 약간의 폐해가 있기는 했다. 친구들이 신문을 보고 내가 자기들보다 한 살 어리다는 것을 뒤

늦게 알게 되어 항의전화를 걸어온 정도였다. 동양생명을 떠날 때 나는 퇴임사에서 이렇게 말했다.

"수호천사를 만든 사람으로 기억해 주십시오."

아무리 어려워도 쉽게

"이 보고서를 먼저 와이프에게 보여줘 보게.
그럼 답이 나올 걸세."

CEO를 오랫동안 하다 보면 신년사다, 축사다, 신문 칼럼이다 해서 글을 써야 할 때가 많다. 그런 글쓰기가 있을 때마다 홍보실은 분주하다. 처음 CEO로 부임했을 때 홍보담당자가 글을 써 가지고 와서 그대로 읽으라고 했다. 아마도 그것이 관행이었던 모양이다. 홍보담당자는 하루 종일 내가 읽을 글을 쓰느라 진땀을 뺀 듯했다. 나는 원고를 처음부터 다시 쓰고 나서 "다음부터는 홍보실에서 작성하지 않아도 된다."고 일렀다. 자기 글을 쓰기도 어려운데 남의 글을 쓰는 게 얼마나 어렵겠는가. 또 그렇게 어렵게 쓴 글을 누가 쉽게 읽고 들을 수 있을까.

공직에 있을 때나 기업에 와서 경영자로 일할 때 나는 문서와 전쟁을 치르며 살았다. 어찌 보면 문서로 하루를 시작해 문서로 하루를 마치는 나날이었다.

초년 때는 문서를 어떻게 써야 할까 고민이 많았다. 아무리 퇴고를 거듭해도 맘에 들지 않아 안절부절 못할 때가 많았다. 내가 쓴 보고서를 읽는 사람들이 어떻게 하면 한눈에 쉽게 이해하도록 할 수 있을까 고심하던 어느 날, 그 보고서를 집에까지 들고 가게 되었다. 저녁을 먹고 보고서를 다듬다가 혹시나 하는 생각으로 아내에게 보여주었다. 무심코 한 일이었지만 그것은 아주 놀라운 경험이었다. 아내가 말했다.

"참 어렵군요. 무슨 말인지 모르겠어요."

나는 오기가 생겼다. 그래서 아내가 알아볼 수 있을 때까지 쉽게 고쳐 보았다. 수정을 거듭한 끝에 드디어 아내로부터 'OK' 사인을 받았다. 그 후로 나는 중요한 보고서를 쓸 때마다 이 보고서를 아내가 읽는다면 쉽게 이해할 수 있을까 생각하는 습관이 생겼다. 집에서 살림하는 아내가 평소 관심도 없고 잘 모르는 분야인데도 이해할 수 있는 보고서라면 장·차관도, 대통령도 쉽게 이해할 수 있음을 깨달은 것이다. 덕분에 나는 공직에 있는 동안 보고서를 쉽게 쓰는 사람이라는 평판을 얻었다.

기업으로 와서도 임직원들이 쓴 보고서를 보다가 문득 아내 생각을 하곤 했다. 그래서 너무 어려워 도무지 이해할 수 없는 보고서를 볼 때마다 이렇게 조언해 주었다.

"이 보고서를 먼저 와이프에게 보여줘 보게. 그럼 답이 나올 걸세."

놀라운 일이지만 홍수처럼 쏟아지는 보고서의 상당수는 쓴 사람도 읽는 사람도 이해하기 힘든 경우가 많다. 지나치게 전문적이고 어려운 용어가 많고 문장도 복잡해 무슨 뜻인지 이해가 안 되기도 한다. 전문가일수록 쉬운 용어를 쓰고 어려운 내용일수록 쉽게 풀어쓰는 것이 마땅한데 말이다.

보고서를 보면 작성한 직원이 일의 내용을 완벽하게 파악하고 있는지 아닌지를 금방 알 수 있다. 내용을 완전하게 파악하지 못한 상태에서 작성한 보고서는 내용이 복잡하고 무엇을 말하려고 하는지 알 수 없고 정작 중요한 사항은 빠져 있기 일쑤다. 나는 항상 직원들에게 간략하고 알기 쉽게 보고서를 작성해 오라고 주문한다. 심지어 아무리 복잡한 내용이라도 한 페이지로 요약할 수 있어야 한다고까지 말한다. 책 한 권을 읽고 내용을 완전히 파악하고 이해한 사람이라면 몇 페이지, 몇 줄, 한 줄로도 요약할 수 있을 것이다. 보고서가 두세 페이지를 넘어가면 아무리 간단한 내용이라도 복잡해지고 산만해지게 마련이다.

미국이나 유럽의 유명 일간지들은 중학생 눈높이에 맞추어 기사를 쓴다고 한다. 그런데 우리나라 신문들은 대학생이 읽어도 이해하기 힘든 기사가 많다.

세상에서 가장 좋은 시詩는 누가 읽어도 자기 얘기를 하고 있다는 생각이 드는 시라고 했다. 쉽게 쓰지 않았다면 가능한 일이 아닐 것이다.

나는 음악도 그림도 쉬운 것이 좋다. 예술이 예술가들만을 위한 것이 아닐진대 진정한 예술이라면 모두가 공감할 수 있는 것이어야 하지 않을까.

사람도 너무 어려우면 가까이하기가 힘들다. 현학적인 사람이 부러움을 살 수 있을지는 몰라도 친근감이나 호감이 느껴지지는 않을 것이다.

아무리 유능한 의사라도 환자에게 어려운 의학용어를 써 가며 어려운 말로 상담한다면 좋은 의사는 아니지 싶다. 환자의 눈높이에서 아주 쉽게 설명하는 의사를 환자는 더 신뢰할 것이다.

그러고 보면 경영이나 비즈니스도 그렇다. 조직 내 커뮤니케이션이라는 것도 결국 쉽게 설명하고 쉽게 이해하는 데서 활발하게 이루어지는 것이 아닐까 한다. 고객을 설득하거나 마케팅을 할 때도 결국 얼마나 쉽게 접근하느냐가 관건이다. 어려운 일도 쉽게 해야 하는데 쉽게 할 수 있는 일조차 어렵게 하려는 건 아닌지 모르겠다.

세상이 아무리 어렵다고 해도, 아니 어려울수록 쉽게 풀어내고 쉽게 표현하는 것이 지혜로운 삶이 아닐까 한다. 혹시 이런 내 얘기도 어려웠던 것은 아닌지 모르겠다.

객기라도 좋다

객기를 부릴 줄 아는 사람이 인생의 진짜 주인이다.

먹는 내기 하는 사람만큼 어리석은 사람이 또 있을까. 하물며 술 마시는 내기를 하는 사람이라면 그 어리석음의 깊이를 가늠할 수 없을 것이다. 모르긴 해도 인류가 세상에 나왔을 때부터 술은 있었을 테고 어쩌면 역사란 인간과 술의 전쟁사가 아닐까 하는 생각도 해보게 된다. 나의 인생에도 술과 치른 세 번의 전쟁이 있다.

첫 번째 전쟁은 결혼하고 얼마 지나지 않아 처가 잔치 때 발발했다. 새신랑 군기를 잡겠다고 한 건지 처와 촌수가 꽤 되는, 나보다 어린 손위 사람이 시비를 걸어왔는데, 결국 처가 남자들 여섯과 술 대결을 벌이게 되었다. 공부만 하다 공무원이 된 내가 술이 약할 거라고 얕잡아 본 모양이다. 나는 오기가 발동했다. 그래 어디 한판 붙어 보자며 1대 6의 불리한 여건에서 잔을 부딪쳤다. 아내를 비롯해 처가 어른들이 큰일난다고 뜯어말렸지만 우리는 세기의 대결이라도 벌이듯 술잔을 채우고 또 채웠다. 그리고 나는 적(?)들을 하나둘 쓰러뜨리고 당당하게 아내와 택시를 타고 집으로 왔다. 그 후로는 기억이 전혀 나지 않는다. 아내 얘기로는 인사불성이 되어 쓰러진 뒤 죽은 듯이 잠에 빠졌다고 한다. 이기기는 했지만 나는 사흘이나 출근하지 못하고 몸져누워야 했다.

두 번째 대전은 어마어마한 술값 때문이었다. 사람 좋아하고, 좋아하는 사람과 술 마시기 좋아하는 나로서는 안 그래도 박한 공무원 월급으로는 술값을 감당할 수 없었다. 박봉을 쪼개 살림을 꾸려가는 아내에게 술 마실 돈까지 달라고 할 염치도 없고 누구한테 공짜 술 얻어먹을 배짱도 없는 나로서는 답답하기 짝이 없었다. 그래서 사무실 근처에 술집을 하나 잡아놓고 외상술을 마셨다. 그곳에서 몇 해 동안 혈기 왕성한 동료들과 나라경제를 걱정하며 술자리 토론을 벌였다. 그러던 어느 날 나는 미국으로 유학을 떠나게 되었다. 정부에서 주는 장학금을 받기는 했지만 현지에서 생활하려면 적잖은 돈이 필요할 것 같아 살고 있는 집을 세놓았다. 내심 전세금을 받아 얼마를 떼어 밀린 외상값을 갚겠다는 계산도 있었다. 그런데 술값을 치르다가 까무러칠 뻔했다. 외상값이 전세금의 절반에 육박했던 것이다. 집 반 채를 술로 마셔버린 한심한 남편을 버리지 않은 아내에게 감사해야 했다.

세 번째 대전은 기업어 투신해 동양생명 사장을 맡았을 때 벌어졌다. 당시 동양생명은 퇴출 위기에 놓여있었다. 실적도 실적이지만 무엇보다 직원들의 사기가 바닥에 떨어진 것이 문제였다. 이대로는 아무것도 할 수 없다는 생각에 나는 직원들의 사기부터 끌어올려야겠다고 결심했다. 그래서 석 달 동안 250개가 넘는 전국 영업소를 한 곳도 빠뜨리지 않고 순회하며 해당 지역 영업사원들을 모아 회식을 열었다. 소주잔을 들고 돌아다니며 직원들과 맨투맨으로 대작을 했다. 그 많은 직원과 대적하기 위해 나는 '1:3건배'를 제안했다. 내가 한 잔 받으면 그 자리에서 석 잔을 돌려주는 방식이었다. 그렇게 했는데도 인원이 너무 많아 나중에는 법칙을 바꾸어 내 잔은 3분의 1만 채워달라고 했다. 그러자 그런 대작은 불공평하다며 기어이 잔을 채우려는 직원이 나타났다. 나는 "사장이 술도 마음대로 못 마시나? 그럼 당신이 사장 하시오!"라고 말했다. 순간 모두가 박장대소했고 사장과 직원들이 더욱 친해지는 계기가 되었다. 그렇게 석 달 동안 마신 술을 어느 신문기자가 계산해 소주 3000잔이 넘는다는 기사를 쓰기도 했다. 기사를 보고 가장 놀란 사람은 바로 나였다.

덕분에 사기는 올라갔다. 하지만 나의 간수치도 함께 올라갔다. 의사는 혀를 내두르며 다시는 술을 마시지 못하게 될 것이라고 했다. 세 번째 대전을 끝으로 나는 한동안 술을 입에도 대지 못했다.

흔히들 처음엔 사람이 술을 마시고, 다음엔 술이 술을 마시고, 마지막엔 술이 사람을 마신다고 한다. 지나친 음주가 건강에 해롭다는 것을 모르는 사람도 없을 것이다. 핑계 없는 무덤이 없는 것만큼이나 알코올중독자가 아닌 다음에야 이유 없이 술 마시는 사람은 없을 것이다. 내가 한창 술 마시고 다닐 때는 술 잘하는 사람이 일도 잘한다는 얘기도 있었다.

나는 술을 좋아하기는 했지만 술고래는 아니었다. 한 가지 특징이라면 기분이 나쁠 때는 술을 한 잔도 입에 대지 않는다는 점이다. 내가 만취했다는 것은 아주 기분이 좋다는 얘기였다.

세 차례나 치명적인 고비를 넘기기는 했지만 술과의 전쟁에서 완전히 패배했다 생각하지는 않는다. 사흘 동안 몸져눕긴 했어도 자존심을 지켰고, 전세금을 절반이나 날리기는 했지만 청탁하는 사람들에게 술 얻어먹다 패가망신하지 않았고, 간이 상했지만 수많은 직원의 사기를 높일 수 있었으니 절반의 승리는 한 것이라고 자축하고 싶다.

요즘 아주 가끔 아내와 와인 한 잔씩은 한다. 예전처럼 부어라 마셔라 하지 못하는 것이 아쉬울 때도 있다. 그럴 때마다 아내는 "아들, 손자가 마실 술까지 다 마셨으니 너무 섭섭해 하지 말라."며 놀리곤 한다. 하지만 한 모금의 와인이나 한두 잔의 소주로도 충분히 기분 좋게 취하는 법을 터득해가는 재미도 제법 쏠쏠하다.

하지 않음도 과감하게

2010년 어느 날 TV에서 놀라운 뉴스를 봤다. 서울 도심에 지하차도를 바둑판처럼 뚫어 교통체증을 해소하겠다는 내용이었다. 그래픽으로 처리된 영상으로 자동차들이 지하도를 쌩쌩 달리는 것을 보면서 문득 공직에 있던 때가 떠올랐다.

경제기획원에서 교통정책을 맡고 있었는데 당시에도 마이카 시대에 진입하면서 교통체증이 큰 문제가 되고 있었다. 한국의 자동차산업이 비약적으로 발전하고 마이카 시대가 그렇게 빨리 올지 몰랐던 만큼 도시교통 인프라는 취약했다. 인프라뿐 아니라 교통정책을 제대로 공부한 공무원도 없었다. 당시 경제기획원 김재익 경제기획국장의 추천으로 내가 미국 노스웨스턴대 교통센터TC로 유학을 떠난 것도 그래서였다. TC는 교통 시스템과 정책 분야에서 세계 최고의 명성을 자랑하는 대학원이다. 한국에는 그런 것을 배울 수 있는 학교가 없었다. 나는 낯선 땅에서 낯선 학문을 익숙치 않은 언어로 배우느라 진땀을 빼야 했다. 힘은 들었지만, 잘 배워서 우리나라 교통정책에 보탬이 되도록 하겠다는 일념으로 고시 공부할 때보다 더 열심히 했다. 그러던 어느 날 지도교수가 내게 놀라운 말을 했다.

"최선의 도시교통정책은 아무것도 하지 않는 것이다."

교통정책 분야에서 세계 최고의 명성을 자랑하는 석학이 무無정책이 가장 좋은 정책이라고 갈하다니. 처음엔 그냥 농담인 줄 알았다. 그러나 교수의 설명을 듣고 나서 그 말의 깊은 뜻을 알게 되었다.

"사람들은 흔히 도로가 혼잡하면 더 많은 도로를 내 문제를 해결할 수 있다고 생각한다. 하지만 실제로는 반대다. 도로를 확장하면 할수록 교통체증은 더욱 심해진다. 어떤 나라, 어떤 도시에서도 도로의 확장 속도가 차량 증가 속도를 따라잡은 역사가 없다. 운전자들은 도로가 안 막힌다 싶으면 더 차를 끌고 나오려는 심리가 있기 때문이다."

나중에 사례연구를 통해 알게 된 사실이지만, 실제로 미국이나 유럽의 대도시들은 도로를 확장하는 것보다 차량증가를 통제하는 방식으로 교통체증 문제를 해결해 왔다. 도심에서 주차비를 비싸게 받는다든지 어느 시간대 어느 구간은 차량통행을 금지하는 식으로 운전자들이 가급적 차를 끌고 도심으로 들어오지 않도록 교통수요 감소를 유도했다. 싱가포르에서는 총리가 신년사에서 그 해 등록 차량 수를 5,000대, 1만대로 한정한다고 발표할 정도로 강력하게 통제하고 있다는 것도 알게 되었다.

나는 공부를 마치고 귀국한 후 업무에 복귀했다. 당시 서울과 수도권의 교통체증 문제를 해결하기 위해 여러 담당자와 합숙을 해가며 묘안을 짜내는 중에 나는 그 교수의 무정책주의를 소개하며 도로를 확장하는 것보다 상습정체지역의 교통량을 근본적으로 줄여야 한다고 주장했다.

그리고 나름의 아이디어도 제안했다. 그 가운데 대표적인 것이 서울 사대문 안으로 들어오는 자가용 차량에 대한 혼잡통행세 징수였다. 싱가포르에서 실행하던, 러시아워에 도심지역으로 들어오는 차량에 통행료를 부과하는 ALS_{Area Licensing Scheme}와 비슷한 제도였다.

20년도 더 지난 지금도 파격적인 이 제안이 당시에 통했을 리 만무했다. 모두가 마이카 시대에 역행한다, 세금을 자꾸 걷으면 어느 국민이 좋아하겠느냐며 극구 반대해 나의 제안은 결국 빛을 보지 못한 채 사장되고 말았다.

요즘 꽉 막힌 도심 거리를 지나다 보면 문득 '무정책의 도시교통 정책'을 주장했던 교수가 생각나곤 한다. 만약 그때 그 제안이 채택되었다면 지금 서울의 도로는 어떻게 달라졌을까. 차마 미련을 버리지 못해 상상을 해보기도 한다. 하지만 역사엔 가정이 없고 결과는 아무도 알 수 없는 일이다.

진정한 무정책이 되려면 통제도 할 필요가 없을지도 모른다. 유가가 교통체증을 줄일 수도 있다. 유가가 오르면 경제가 어려워진다고 하지만, 불필요하게 차를 몰고 다니지 않는다면 수요공급법칙에 따라 장기적으로는 유가가 떨어질 것이다. 물론 기름값이 떨어지면 사람들은 더 차를 몰고 싶어 할지도 모른다. 도로를 막히는 상태 그대로 놔두면 막히는 게 싫은 운전자들이라도 차를 몰고 나오지 않을 테니 더 이상 교통상황이 악화되지 않을 수도 있겠다는 생각도 든다. 그래서 교수가 아무것도 하지 말라고 했는지도 모른다.

정책을 수립하는 공직자든, 운전자든 무위를 실천한다는 것은 무소유無所有의 삶을 사는 것만큼이나 어려운 일인지도 모른다. 하지만 우리 삶에서 때로는 무위無爲가 작위作爲보다 나을 수 있다는 가능성을 포기하고 싶지는 않다.

일단 저지르는 것은 저지르지 않는 것보다 낫다. 하지만 저질러서는 안 되는 일까지 저지르라는 얘기는 아니다.

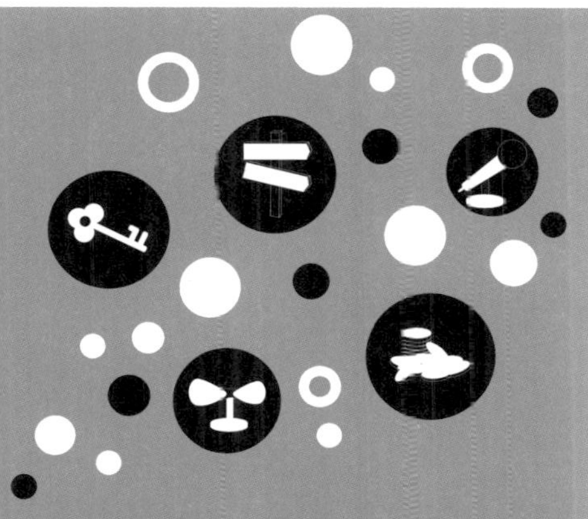

3. 다윗처럼 부딪쳐봐

사람들은 크면 좋다고 생각하지만 현명하고 용기 있는 사람은 작은 것의 장점을 발견한다. 작은 것은 위기에 민감하게 대처할 수 있고, 의사결정이 빠르고, 선택과 집중이 쉽고, 방향 수정이 원활하다.

배가 작을수록 선장이 돋보인다

돌이켜 보면 나는 운이 참 좋았다. 만약 내가 잘 나가는 업계 최고 수준의 기업을 경영했다면 열심히 하고도 빛을 볼 수 없었을 것이다. 나는 '빅3'가 아닌 회사의 경영을 맡아 살아남기 위한 전략을 세워 싸우는 과정에서 무엇과도 바꿀 수 없는 소중한 경험을 할 수 있었다.

회사가 작다고, 업계 순위가 저조한 회사를 맡았다고 의기소침할 이유는 하나도 없다. 오히려 자신의 실력을 보여줄 절호의 기회로 삼는 것이 현명하다. 그건 비즈니스의 진정한 재미를 만끽할 수 있는 엄청난 축복이다.

나는 여러 회사의 CEO를 맡았지만 한 번도 업계 빅3의 회사는 아니었다. 처음에는 빅3와 힘겨운 경쟁을 하면서 그들 회사의 CEO가 부럽기도 했다. 그러나 그들과 한판 승부를 벌이면서 내가 빅3의 CEO가 아니라는 사실에 감사하게 되었다. 만약 빅3의 CEO를 맡았다면 나는 참고들이 할 일들에 어떤 책임도 느끼지 못했을 것이다. 그저 올라오는 서류들에 사인을 하면서 만족했을지 모른다.

나는 빅3의 CEO가 아니었기 때문에 돈 주고도 못 살 숱한 시행착오를 경험할 수 있었다. 무엇보다 감사한 것은 빅3와 겨루어 이기겠다는 목표가 있었다는 사실이다.

나는 항공모함을 움직이는 함장이 아니라 범선의 키를 잡은 선장이었다. 돌이켜 보면 그것은 나에게 너무나 큰 행운이었다. 만약 내가 항공모함의 함장을 맡았다면 멀리서 보기에는 훨씬 더 멋진 모습이었을 것이다. 하지만 항공모함 함장이 할 수 있는 일은 그리 많지 않다. 모든 기관실과 대원들이 한 치의 오차도 없이 정해진 시스템대로 움직이기 때문이다. 항공모함에도 키가 있는지 모르지만, 함장이 그 키를 움직여 위기상황에 뱃머리를 돌리기는 쉽지 않을 것이다. 자신의 의지대르 즉각 키를 돌릴 수 없는 함장이라면 나는 항해의 즐거움을 느끼지 못했을 것이다.

업계 최고를 달리는 거대 기업의 CEO는 자신의 창의력과 순발력을 십분 발휘하기 힘들다. 하지만 작은 회사를 경영한다면 훨씬 더 민첩하고 시의적절하게 혁신을 만들어낼 수 있다.

다행히 나는 그리 크지 않은 범선의 선장이었기에 항공모함의 함장보다 훨씬 다이내믹한 항해를 할 수 있었다. 방향과 속도를 바꾸는 것은 언제나 나의 판단으로 시작됐고, 그럴 때마다 내가 원하는 대로 변화를 줄 수 있다는 것에서 무한한 희열을 느꼈다.

내가 항공모함의 함장으로 아무리 멋진 항해를 했다고 해도 사람들은 그것이 나의 업적이라고 말하지 않았을 것이다. 왜냐하면 항공모함은 누가 함장을 맡더라도 대체로 안전하게 항해했을 것이기 때문이다. 꼭 내가 아니었어도 그랬을 것이다.

하지만 범선의 선장은 책임이 막중하다. 잠시도 키를 놓을 수 없다. 눈은 언제나 수평선과 어디에 있을지 모를 암초를 감지해야 하고 바람이 어디서 어디로 얼마나 부는지, 파도는 얼마나 높은지 항상 체크하고 변화가 있을 때마다 키를 돌려야 한다.

동력이 없는 범선이 거센 파도를 헤치고 성공적으로 항해를 마쳤을 때 사람들은 선장을 기억할 것이다. 항공모함은 유명하지만 함장을 아는 사람은 별로 없다. 하지만 콜럼버스가 타고 간 범선의 이름은 몰라도 콜럼버스를 모르는 사람은 없다.

항공모함이든 범선이든 망망대해라는 조건은 같다. 언제든 폭풍이 불어 닥칠 수 있고, 파도가 배를 통째 집어삼킬 수도 있다. 같은 악조건에서 범선으로 항해하는 데 성공한 선장은 항공모함으로도 충분히 항해에 성공할 수 있을 것이다. 그러나 항공모함으로 안전하게 항해한 함장이 범선으로도 항해에 성공할지는 잘 모르겠다.

흥미로운 사실이지만, 규모가 큰 기업일수록 덕장德將이 많고, 작은 기업일수록 용장庸將과 지장智將이 많은 것은 우연이 아닌 것 같다. 나는 누군가 나를 덕장이라고 부른다면 몹시 화가 날 것이다. 왜냐하면 덕장이란 말만큼 무미건조하고 무력한 말도 없을 테니까.

사람들은 크면 좋다고 생각하지만 현명하고 용기 있는 사람은 작은 것의 장점을 발견한다. 슈마허가 쓴『작은 것이 아름답다Small is beautiful』를 읽지 않았다 해도 그들은 작은 것의 다른 의미를 제대로 짚어낸다. 작은 것이 위기에 민감하게 대처할 수 있고, 의사결정이 빠르고, 선택과 집중이 쉽고, 방향 수정이 원활하다. 혹 잘못되더라도 작은 것은 잃는 것이 적다. 나는 작은 배의 선장으로 마음껏 바다를 누비면서 가벼운 새가 높이 난다는 사실을 실감하곤 했다.

선원들도 마찬가지다. 나는 유능하다고 추천받은 대기업의 임직원을 채용할 때마다 적잖게 실망하곤 했다. 그들은 모든 시스템이 갖춰져야 일할 수 있는 항공모함의 대원들 같았다. 그들은 범선으로 와서도 항공모함의 시스템을 구축해 달라고 요구했다. 나는 그들에게 이 말밖에는 해줄 말이 없었다.

"시스템이 다 갖춰져 있다면 당신을 채용하지 않았을 것이오. 다 갖춰진 시스템에서 일하지 못할 직원은 아무도 없을 테니까."

불리한 조건부터 바꿔라

살다 보면 경쟁을 피할 수 없을 때가 있다. 경영 현장에서는 더욱 그러하다. 홍수처럼 쏟아지는 수많은 경영전략서만 보아도 기업이 살아남기 위해 얼마나 치열하게 싸우고 있는지 알 수 있다. 경영전략서에 나오는 대로 경영해 성공한다면 얼마나 좋겠는가. 하지만 이론과 현실이 다르고, 또 현장에서 썼다는 경영전략서조차도 내가 사투를 벌이는 현장에서는 적용하기 힘들거나 무용지물이 되곤 했다.

같은 업종, 같은 회사라고 해도 상황에 따라 사람에 따라 얼마나 많은 경우의 수가 있겠는가. 어찌 보면 그 하나하나의 경험이 모두 한 권의 책으로 엮을 수 있는 경영전략서가 아닐까 한다. 제목도 딱히 붙이기 힘들고, 목차도, 프롤로그도, 에필로그도 없지만 세상에 단 하나뿐인 그 경험은 열독하기에 충분한 살아 있는 경영전략서다.

나에게도 그런 경험이 적지 않다. 책으로 엮는다면 가장 먼저 떠오르는 것이 바로 동양생명의 경영을 맡아 한판 승부를 벌인 경험이다. 당시 동양생명은 업계 하위권을 맴도는 생보사였다. 이른바 '빅3'로 불리는 메이저 생보 3사가 시장을 독과점하고 있었는데 그 영향력이 막강했다. 실적은 말할 것도 없고 직원들의 사기도 바닥이었고 퇴출 일보직전이었다. 그런 상황에서 CEO를 맡은 나는 어떻게 하면 아무도 주목하지 않는, 심지어 경쟁사들조차도 의식하지 않는 동양생명을 경쟁 궤도에 올려놓을 수 있을까 고심하느라 밤잠을 이루지 못했다.

처음에는 빅3를 벤치마킹할까도 생각했다. 하지만 자본력으로나 규모, 인지도에서 상대가 안 될 정도로 열세인 동양생명이 그들의 전략을 벤치마킹 해봐야 이렇다 할 승산이 없다고 판단했다. 나는 그들과 아예 다른 전략으로 동양생명을 차별화하기로 맘먹었다. 그래서 생각한 것이 바로 '수호천사'라는 브랜드였다. 대한민국 최초의 생명보험 브랜드를 만든 것이다. 문제는 이 브랜드를 어떻게 알리느냐 하는 것이었다.

가장 확실한 방법이 바로 TV CF였지만, 당시 보험사는 CF로 홍보하는 것이 금지되어 있었다. 빅3가 담합해 일체의 CF를 내지 못하게 만든 것이다. 나는 그것부터 깨야 한다고 생각했다. 경쟁하고 싶어도 경쟁할 장이 다련되지 않는다면 아무것도 할 수 없었기 때문이다.

우리는 그들의 담합을 깨기 위해 CF 제작에 돌입했다. 소문을 들은 빅3는 민감하게 반응했다. 룰을 깬다는 것이 그 이유였다. 생명보험협회에서 즉각 내게 전화를 걸어 CF 제작을 중단하라고 종용했다. 하지만 나는 논리적으로 반박했다.

"지금의 룰은 빅3가 공익을 빙자해 자신들에게만 유리하게 만든 불공정한 룰이오. 빅3는 이미 인지도가 높아 더 이상 회사를 알릴 필요가 없지만, 우리 같은 후발주자나 신생 회사들은 그 룰 때문에 회사를 알릴 기회조차 얻지 못하고 있소."

나의 주장은 충분히 설득력이 있었고, 동양생명과 비슷한 처지에 있는 여러 생보사의 지지를 받을 수 있었다. 그러던 어느 날, 한 외국계 생보사의 CEO가 나를 찾아왔다.

"우리 직원들 얘기로는 금감원에서 생보사는 TV CF를 못하도록 했다고 하던데, 동양생명은 어떻게 TV CF를 할 수 있었습니까?"

나는 그가 잘못된 정보를 가지고 있음을 알려주었다.

"금감원에서는 그런 규정을 만든 적이 없습니다. 메이저 생보사들이 담합해 후발주자들의 홍보 기회를 막아왔던 겁니다. 아무 문제가 안 되니 그냥 만들면 됩니다. 빅3의 담합을 깨기 위해서라도 TV CF를 만들어 내보내야 합니다.”

결국 나는 빅3의 담합을 깨는 데 성공했다. 수호천사 TV CF는 성공적으로 방영되었고 소비자들에게 널리 알려지게 되었다. 나는 막강한 상대와 싸울 때는 경쟁의 조건을 유리하게 바꿔야 한다는 것을 그때 깨달았다.

불리한 경쟁조건을 유리하게 만든 사례는 또 있다. 동양시스템즈 사장을 맡았을 때였다. 당시 시스템통합SI 시장에서 빅3와 입찰 경쟁에서 승리한다는 것은 원천적으로 힘들었다. 그들은 덤핑은 기본이고 때론 담합해 자기들끼리 나눠 먹기식으로 시장을 독과점하고 있었다. 심지어 수 억짜리 소규모 물량까지 독식하는 통에 중견, 중소 SI업체들은 빅3의 하청업체로 전락하는 수모를 당해야 했다.

나는 그들과 승부를 내기 위해서는 그들에게만 유리한 경쟁 환경부터 바꾸어야 한다고 생각했다. 정부 당국에 이 사실을 알리고 적어도 공공기관의 발주 물량만이라도 일정금액 이하인 경우에는 빅3를 비롯한 대형 SI업체가 참여하지 못하도록 제한해달라고 강력하게 요구했다. 두드리면 열린다고 마침내 나의 요구는 관철되었다. 경쟁 환경이 유리해지자 우리 회사의 수주 실적도 살아나기 시작했다.

잘하는 몇 가지로 승부하라

모든 것을 잘한다는 것은
어느 하나도 특별히 잘하는 게 없다는 얘기다.

구멍가게가 사라지고 있다. '통큰치킨', '통큰피자'를 앞세운 대형할인점이 동네 골목까지 진출하면서 경쟁력을 잃은 소형 점포들은 설 자리를 잃은 것이다.

많은 사람이 우려하며 문제를 지적하고 있다. 물론 제도적인 개선이 필요하다. 크고 강한 기업만 살아남는 일방적인 경쟁은 바람직하지 않을 뿐 아니라 결국엔 강자와 약자가 공멸하는 우를 범하게 될 것이기 때문이다. 대기업과 중소기업의 동반성장이 화두로 떠오른 것도 그 때문이다.

제도적인 개선을 기대하는 동시에 나는 크고 강한 기업과 경쟁해야 하는 작고 약한 회사들을 위해 경험에서 터득한 몇 가지 노하우를 들려주고자 한다.

약자가 강자와 싸워 이길 수 있는 가장 확실한 무기는 바로 특화다. 아무리 잘난 사람도 모든 것을 잘할 수는 없다. 모든 것을 잘한다는 것은 달리 말하면 어느 하나도 특별히 잘하는 게 없다는 얘기일 수도 있다.

대형할인점에는 없는 것이 없다. 구멍가게와는 비교할 수 없을 정도로 품목이 다양하다. 가격도 구멍가게보다 훨씬 저렴하다. 거의 모든 상품이 누구나 아는 유명 브랜드다. 가격과 품종, 품질에서 그들은 엄청난 경쟁 우위에 있다. 규모의 경제와 물류시스템의 위력 덕분이다.

이런 상황에서 구멍가게가 품종을 늘린다든지, 가격을 낮춘다는 것은 무모하기 짝이 없다. 그렇게 하다가는 얼마 못 가 문을 닫게 되고 말 것이다. 그러면 어떻게 해야 할까. 나는 종종 내가 그런 구멍가게 주인이라면 어떻게 할까 상상해보곤 한다.

동양카드 사장을 맡았을 때가 떠오른다. 당시 동양카드를 아는 사람은 거의 없었다. 한국 진출 10년 만에 철수하는 아메리칸엑스프레스카드(아멕스)의 한국법인을 인수해 설립한 동양카드는 국내 회원이 고작 5만도 안 되는 약체 카드사였다.

수백만 회원을 자랑하는 대형 카드사들이 시장을 독과점하고 있
는 상황에서 동양카드는 전혀 부각될 수 없었다. 우리에게 업무를
인계하고 떠나는 아멕스 한국법인 경영진조차 성공할 가능성은 없
다는 눈치였다.

바로 그때 우리가 선택한 것이 특화 전략이다. 메이저 카드사들
이 고객 수를 무기로 시장을 넓혀가는 동안 동양카드는 하이 프레
스티지 전략으로 독보적인 이미지를 구축해 나갔다. 메이저 카드사
들이 '모든 사람이 소지한 카드'를 표방하며 규모 경정에 나서고
있을 때, 우리는 '누구나 가지고 싶어 하지만 아무나 가질 수 없는
카드'라는 고급화 전략으로 맞섰다. 그것은 기대 이상의 효과가 있
었다. 10년 동안 적자를 보던 아멕스 한국법인은 동양카드로 다시
태어난 첫해부터 흑자를 이어갔다.

구멍가게가 거센 파도처럼 밀려오는 대형할인점들의 틈바구니에
서 살아남을 수 있는 방법도 그런 특화 전략에서 찾아야 하지 않을
까 한다. 대형할인점들이 모든 상품을 진열할 때 구멍가게는 몇 가
지 경쟁력 있는 상품에 집중하는 전략이 효과적일 수 있다.

과일이면 과일, 채소면 채소, 해산물이면 해산물, 통조림이면 통
조림 등 대형할인점들이 모든 품목을 아우르기 위해 등한시한 몇몇
제품군에서 품질이든 가격이든 확실한 경쟁력을 확보한다면 승산

이 있을 것이다. 대형할인점에는 모든 제품이 있을지 몰라도 반드시 그 할인점에 가야 할 이유를 만들어주는 특화된 제품이 없음을 간파해야 한다.

내가 동양시스템즈 사장을 맡았을 때도 특화 전략은 제대로 적중했다. 당시 시스템통합 시장에서는 빅3를 비롯한 그룹사들이 규모와 가격 경쟁력으로 시장을 주도하고 있었다. 우리는 그때도 '모든 것을 하겠다.'는 생각을 과감하게 버렸다. "우리가 잘 아는 분야에서 독보적인 경쟁력을 확보하겠다."고 생각했다.

만병을 치료하겠다고 무리해서 종합병원을 운영하는 것이 아니라 천 리 밖에서도 찾아올 수 있는 전문병원이 되어야 한다고 판단했다. 우리가 선택한 특화 분야는 '금융'이었다. 증권, 보험, 은행의 시스템통합만큼은 어느 메이저 경쟁사도 따라올 수 없을 정도로 키우겠다고 각오를 다졌다. 그런 특화 전략은 단기간에 동양시스템즈를 금융전문 시스템통합회사로 자리매김하게 했다. 우리는 '잘 아는 것을 잘할 수 있다.'는 진리를 다시 한 번 실감했다.

일등도 모든 것을 다 하겠다는 생각을 버리는 것이 좋다. 왜냐하면 바로 그런 자만의 틈을 파고드는 우리 같은 회사의 특화 전략에 정곡을 찔리고 말 테니까.

1등 따라 하면 1등이 될 수 없다

2등이 1등과 경쟁해 이기려면
근본적인 방법에서 달라야 한다.

어느 경쟁에서 3등을 하고 있는 회사가 있다고 하자. 3등이 2등을 제치고 2등이 되는 방법은 아주 간단하다. 1등을 벤치마킹하면 된다. 왜냐하면 1등처럼 하면 2등을 따라잡을 수 있을 테니까.

그래서 3등이 2등이 되었다고 하자. 당연히 다음 목표는 1등이 되는 것이다. 그런데 바로 이 대목에서 대부분 우를 범하곤 한다. 1등이 되기 위해 3등일 때 했던 대로 또 1등을 따라하는 것이다. 하지만 조금만 생각해 보면 그것이 잘못된 방법임을 알게 된다. 만날

1등을 따라해 봐야 1등 뒤에 있을 테니까. 정말로 1등이 되길 원한다면 1등과 전혀 다른 전략을 써야 한다.

2등이 살아남기 위해서는 찰스 다윈의 진화론을 주목할 필요가 있다. 진화론에는 2등이 살아남는 방법이 잘 나와 있다. 숲 속에 세 개의 씨앗이 떨어졌는데 두 개는 서로 가까이 떨어졌고 나머지 하나는 멀리 떨어졌다. 시간이 지난 후 서로 가까이 떨어진 두 개의 씨앗은 서로 경쟁하다 한 개만 살아남고 멀리 떨어진 씨앗은 경쟁 없이 잘 살아남았다.

2등이 1등과 경쟁해 이기거나 적어도 살아남기 위해서는 1등과 싸우려고 해서는 안 된다. 싸우지 말고 근본적인 방법에서 전혀 다르게 해야 한다. 1등과 싸우거나 1등이 하는 것을 그대로 모방하면 틀림없이 실패하고 만다. 햄버거 시장에서 2등 버거킹이 1등 맥도날드를 따라하다 결국 실패했듯이.

물론 비즈니스 전쟁에서 2등이 1등을 추월한 예는 많다. 하지만 1등의 전략을 벤치마킹해 1등보다 더 잘해야겠다고 해서 성공한 예는 없다. 같은 전략에서 1등이 훨씬 더 뛰어나기 때문이다. 2등이 살아남기 위해서는 1등과 전혀 다른 전략을 써야 한다. 미국 렌터카 시장에서 1등 헤르츠와 2등 엔터프라이즈가 보여준 경쟁은 아주 좋은 예다. 헤르츠는 공항터미널 근처에 근거지를 두는 전략으로 1등을 달리고 있었다. 엔터프라이즈는 헤르츠와 달리 교외에서 영업 근거지를 두고 시장을 공략해 마침내 헤르츠를 제치고 1등이 되었다. 만약 엔터프라이즈가 헤르츠를 따라 공항터미널에 영업 근거지를 두었다면 끝내 빛을 보지 못하는 씨앗이 되었을 것이다.

소비자들의 1등에 대한 인식은 생각보다 강렬하다. 1등에 익숙해진 소비자들의 입맛(인식)을 바꾸는 것은 아주 어렵다. 심지어 헤르츠는 2등으로 밀려난 후에도 소비자들로부터 여전히 1등이라는 인식을 얻고 있었다. 따라서 1등을 확실하게 극복하는 길은 1등과 비슷한 입맛이 아니라 전혀 새로운 맛으로 승부해야 한다.

내가 CEO를 맡았을 때 동양생명은 3등은커녕 한참 뒤처진 하위권에 있었다. 그래서 우리는 처음부터 빅3와는 다른 차별화 전략을 썼다.

메이저들이 하지 않는 브랜드 전략을 쓰기로 하고 수호천사 브랜드를 만들었다. 당시 생보업계에는 마케팅이라는 개념도, 그것을 실행할 팀도 전무했다. 우리는 국내 생보업계 최초로 마케팅팀을 만들어 가동했다. 수호천사 CF를 제작할 때도 우리는 차별화 전략을 썼다.

수호천사 브랜드를 단들어 본격적인 마케팅에 돌입했을 때도 우리는 빅3와 완전히 다른 전략을 구사했다. 빅3는 과거의 실적과 현재의 위상을 앞세워 시장을 공략한 반면, 우리는 미래 고객을 확보하는 데 주력했다.

우리가 타깃으로 한 미래고객은 고등학생들이었다. 아주 인상적인 프로그램으로 그들에게 '수호천사' 브랜드를 알리는 아이디어를 내었다. 대학 풍물패를 후원해 몇 해에 걸쳐 전국 고등학교를 순회하며 수호천사 브랜드를 내걸고 공연하도록 했다. '수호천사와 함께하는 우리 문화 여행'이라는 공연을 본 고등학생들은 신선한 충격을 받았다. 이전까지 그저 따분한 줄로만 알았던 우리 전통음악을 직접 보고 들으면서 얼마나 흥이 나는지 실감하고, 전통악기로도 자신들이 좋아하는 가요나 팝송까지 얼마든지 연주할 수 있다는 사실에 모두 흥분했다.

우리는 프로그램에 '동양생명'은 넣지 않고 '수호천사'만 부각시켰다. 지점장이 설계사들을 데리고 가서 함께 관람하고 학교 관계자들과 인사도 했다. 나는 학생들로부터 공연이 너무 감동적이어서 잠을 이루지 못했을 정도라는 이메일도 수없이 받았다.

처음에는 설계사들의 반발도 심했다. "그렇게 후원할 돈이 있으면 판촉물 사는 데 지원해 달라."는 볼멘소리도 들렸다. 하지만 나의 생각은 확고했다.

"지금 고등학생은 몇 년 후면 대학생이 되고 또 몇 년 후면 직장인이 될 것이다. 그들의 추억과 뇌리에 수호천사의 이미지를 심어놓는 것은 더 없이 확실한 투자가 될 것이다."

나의 말은 7년이 지난 지금 현실이 되었다. 수호천사는 하위권을 벗어나 경쟁력과 인지도를 확보한 탄탄한 브랜드로 자리를 잡았다. 수호천사 마케팅을 벤치마킹해 대형 생보사들도 뒤늦게 브랜드를 런칭하고 다양한 마케팅을 전개했다.

물론 아직 동양생명 수호천사가 업계 1등이 된 것은 아니다. 아직도 갈 길이 멀다. 하지만 당시 동양생명이 선발주자인 메이저들과 차별화된 전략을 쓰지 않았다면 아직도 이름 없는 약체 생보사로 전전하고 있을지 모른다. 갈 길이 멀긴 해도 길의 방향은 잘 잡았다고 자평한다.

최후의 일격

처음 15초를 놓치면 15시간을 설득한다 해도
상대의 마음을 돌려놓지 못한다.

모든 것은 순간에 결정된다.

'The Moment of Truth'라는 말이 있다. 투우사가 황소에게 최후의 일격을 가하는 순간을 말한다. 사전에는 결정적 순간, 중대한 고비, 위기의 순간, 시련기라는 뜻도 있다. 투우사가 황소에게 일격을 가하는 순간을 놓치거나 제대로 일격을 가하지 못하면 황소에게 반격의 기회를 주게 된다. 그것은 투우사에게 치명적일 수 있으며 크나큰 시련이 시작될 수 있다.

우리가 세상에 맞서 싸우는 것도 마찬가지다. 최후의 일격을 가하는 순간을 놓치면 큰일이다. 물론 기회가 한 번뿐인 것은 아니다. 하지만 모든 일격은 최후의 일격이라는 생각으로 가하야 한다. 지금 이 순간이 마지막이라는 생각으로 모든 힘을 집중하고 몰입해 승부를 내야 한다.

고객을 설득할 때도 '최후의 일격'이라고 생각하는 비장함이 있어야 한다. 고객이 어느 회사의 제품을 살지 말지 결정하는 것은 처음 15초라고 한다. 제품을 파는 영업맨은 15초 안에 고객의 마음을 붙잡아야 한다. 황금 같은 15초가 지나면 15분, 15시간을 더 설득해도 고객의 마음을 돌려놓지 못한다.

나는 이 15초의 가치를 얀 칼슨이라는 경영자로부터 배웠다. 얀 칼슨은 1981년 39세의 나이로 스칸디나비아항공 사장으로 부임해 오일쇼크로 2년 연속 적자를 기록한 회사를 1년 만에 흑자로 돌려놓아 세계를 놀라게 했다. 그의 저서 『Moments of truth진실의 순간』에는 이런 일화가 나온다.

1980년대 초, 미국 사업가 루디 피터슨은 스웨덴 스톡홀름의 호텔에 묵었다가 중요한 상담을 위해 코펜하겐행 비행기를 타러 알란다 공항에 도착했다. 공항에 도착한 그는 비행기표를 호텔방에 두고 온 것을 알게 되었다. 혹시나 싶어 스칸디나비아항공의 티켓 담당자에게 자신의 난처한 입장을 설명했다. 그런데 직원으로부터 뜻밖의 얘기를 들었다.

"걱정 마십시오. 탑승권을 드리겠습니다. 묵으셨던 호텔 방 번호와 코펜하겐의 최종 목적지를 알려주시면 나머지는 저희가 다 알아서 처리해 드리겠습니다."

루디는 잘 납득이 가지 않았지만 승객라운지에서 비행기를 기다리고 있었다. 그 사이 티켓 담당 여직원은 루디가 묵었던 호텔에 전화해 티켓을 찾고 항공사의 리무진을 호텔로 보내 티켓을 신속하게 가져와 루디가 비행기에 타기 전에 전해 주었다. 그 시절 다른 항공사였다면 티켓을 분실한 그를 태워주지 않았을 것이고 루디는 중요한 상담을 할 수 없었을 것이다.

이 일화는 스칸디나비아항공이 어떻게 기사회생할 수 있었는지를 단적으로 보여준다. 스칸디나비아항공은 소비자 위주의 회사로 변화했기 때문에 다시 살아날 수 있었다. 얀 칼슨은 "티켓판매원에서 승무원까지 현장에서 일하는 직원이 고객과 만나는 처음 15초가 고객이 이 회사가 어떤 회사인가를 판단하게 한다."며 "이 15초가 진실의 순간이다."라고 말했다.

당시 한 해 1000만 고객이 스칸디나비아항공을 이용했고 한 고객이 직원 5명과 접촉했다. 그렇다면 스칸디나비아항공은 한 해 동안 진실의 순간에 무려 5000만 번이나 직면한 셈이다. 이처럼 숱한 진실의 순간이 스칸디나비아항공이 성공하느냐, 실패하느냐를 결정한 것이다. 고객에기 스칸디나비아항공을 선택하는 것이 옳은지를 증명해야 하는 절체절명의 순간들이었다.

얀 칼슨은 티켓담당자, 승무원, 화물취급자 등 일선에서 일하는 모든 직원이 즉석에서 문제를 해결할 수 있도록 권한을 주었다. 일선 직원들이 고객의 문제를 즉석에서 처리하지 못하고 고위층으로 의사결정을 미룬다면 고갸을 사로잡을 절호의 찬스를 놓친다고 생각한 것이다. 얀 칼슨은 이런 진실의 순간을 놓치지 않고 회사를 완전히 고객 위주로 바꾸어 스칸디나비아항공을 위기에서 구했다.

어떻게 하면 이 골든타임에 고객이 우리 제품을 구매하는 결정을 내릴 수 있도록 최후의 일격을 가할 수 있을까. 전부를 걸고 고객에 몰입해야 한다. 철저하게 고객 입장에서 생각하고 행동해야 한다. 제품을 구매하는 것은 내가 아니라 고객이기 때문이다. 현재 고객이 어떤 상황에 처해 있고, 고객이 무엇을 원하는지, 어떤 삶을 살아왔으며 앞으로 어떤 삶을 설계하고 있는지 고객의 입장에서 검토하고 느껴야 한다. 단 15초 안에 말이다.

많은 영업맨이 이 황금 같은 15초를 제품을 소개하는 데 다 써버리고 만다. 정말로 안타까운 일이 아닐 수 없다. 그것이야말로 제품과 기업 위주로 영업하는 것이다. 고객 입장에서 고객을 위해 써도 턱없이 부족한 시간에 말이다.

동양생명 사장 시절 영업사원과 설계사들을 교육할 때 내가 가장 강조한 것도 고객 중심의 사고였다. 고객은 우리를 만나는 처음 15초 동안 보험에 들 것인지 말 것인지를 결정한다며 고객과 처음 만나는 15초를 절대로 놓치지 말라고 주문했다.

진실의 순간은 어느 기업, 누구도 피할 수 없는 기회다. 15초 안에 고객을 설득할 모든 일을 '저질러' 보라.

마케팅의 시크릿

마케팅 하면 광고부터 떠올리게 마련이다. 하지만 광고는 가장 마지막 단계에 하는 것이 바람직하다. 광고업계 사람들이 들으면 서운하다 하겠지만 내 경험으로는 그렇다. 아무래도 갈수록 광고의 시대는 지고 있는 듯하다. 광고 효과가 예전 같지 않다는 것은 기업에 있는 사람이라면 다들 공감할 것 같다. 광고는 단순히 제품을 소개하는 것이 아니라 소비자의 인식에 호소하는 것이다. 아무리 화려한 광고로 포장된 제품의 이미지라도 소비자의 인식에 들어가지 못하면 아무 소용이 없다. 사람들이 예나 지금이나 광고보다 기사를 더 믿는 것도 그래서다. 그렇다면 광고에 투입하는 비용을 기사가 나올 만큼 PR에 쓰는 것이 효과적이지 않을까.

광고가 하나의 산업으로 자리를 잡고 온갖 기법이 개발되어 진화를 거듭하고 있지만, 소비자들의 광고에 대한 신뢰도는 훨씬 더 빠른 속도로 떨어지고 있다. 신문이나 방송사마다 광고를 유치하는 데 어려움을 겪고 있다는 얘기는 전혀 새롭지 않다.

특히 TV광고는 비용에 비해 효과가 크지 않을 뿐 아니라 오히려 역효과가 날 수도 있다. 현명한 소비자들은 값비싼 TV광고를 하는 제품은 제품값에 광고비용이 포함되어 있을 것임을 알아차린다. 게다가 정말로 제품이 좋으면 그렇게 많은 비용을 들여 광고할 까닭이 있을까 하는 의구심을 갖는 프로급 소비자도 적지 않다.

제품을 출시하자마자 TV광고를 하면 단기간에 인지도가 생길지는 몰라도 매출에 큰 영향을 주기는 어렵다. 매출을 끌어올릴 만큼 영향력이 있으려면 예상보다 훨씬 많은 광고비용을 투입해야 할 것이다. 굳이 TV광고가 필요하다면 그것은 제품을 출시할 때가 아니라 판매 쇠퇴기에 하는 것이 바람직하다. 매출이 줄기 시작할 때 극약처방이 될 수 있다.

TV광고보다는 차라리 라디오 광고가 더 효과적일지 모른다. '백문이 불여일견百聞不如一見'이라고 하지만 광고에서는 '백견이 불여일문百見不如一聞'이다. 광고는 시각보다 청각을 자극해야 더 오래 기억에 남는다고 한다. 소비자들의 눈보다는 귀를 공략하라는 얘기다.

흔히들 TV광고가 라디오 광고보다 효과가 클 것이라고 생각한다. 하지만 실제로 인간의 본능은 눈으로 볼 수 없는 상황에서 소리를 들을 때 오히려 더 집중력을 발휘한다는 연구결과가 있다. 눈으로 보는 광고보다 귀로 듣는 광고가 훨씬 적은 비용이 드는데도 말이다. 나 역시 경영 일선에서 마케팅 할때 라디오 광고의 효과를 톡톡히 보았다. 요즘은 라디오 광고를 휴대폰 컬러링으로 실어 보내는 단계까지 발전했다.

TV광고보다는 입소문이 훨씬 더 효과적이다. 입소문 마케팅은 트위터나 페이스북 같은 스셜 네트워크를 통해 그 어떤 TV광고보다 높은 신뢰도와 빠른 확산을 보장한다. 신제품이 출시되기 전에 신제품에 대한 정보를 입소문을 통해 확산하는 사전 마케팅은 상당한 효과가 있다. 신문광고든 라디오 광고든 TV광고든 기사를 통해서든 그 자체가 아니라 결국 입소문으로 확산되느냐가 성공 마케팅의 시크릿이다. 입소문이 나도록 하는 방법을 찾아내야 한다.

내가 동양생명 사장 때 구사한 마케팅 전략이 성공할 수 있었던 것도 그런 마케팅의 본질을 잘 알고 있었기 때문이다. 내가 처음 동양생명을 맡았을 때는 회사가 극도로 어려운 상태였다. 그런 상황에서 TV광고를 내보낸 것은 극약처방이 되었다. 하지만 나는 광고에 계속 의존하지 않았다. 광고보다는 소비자들이 더 신뢰하는 기사가 나올 수 있도록 PR에 집중했다. 기사가 나오려면 기삿거리를 만들어야 했다.

나에게는 두 가지 아이디어가 있었다. 하나는 국내 생명보험사 업계 최초로 브랜드를 만드는 것이고, 다른 하나는 사장인 내가 직접 광고모델로 나서는 것이었다. 우리가 개발한 생명보험 브랜드 '수호천사'와 사장이 신문에 실제 주민등록번호를 공개한 파격적인 광고는 언론사의 구미를 당기기에 충분했다. 온갖 신문이 나를 인터뷰하기 위해 찾아왔고 나는 9시 뉴스를 타기까지 했다. 당시 홍보팀은 너무 바쁜 인터뷰 스케줄을 걱정했지만, 나는 그들에게 이렇게 말했다.

"동양생명이 아직 기삿거리가 안 된다면 사장인 나라도 기삿거리가 되어야 우리 회사가 삽니다. 신문사든 방송사든 나를 사겠다면 얼마든지 파시오."

그 해 나는 한 경제신문에서 주관한 보험대상 시상식에서 금융감독위원장이 주는 대상을 받았다. 수십 년을 보험업계에 투신한 보험인들을 제치고 채 2년의 경력도 되지 않는 내가 대상을 받은 것은 바로 그런 브랜드 마케팅과 기사 마케팅 덕이 컸다.

깨끗하게 이겨라

그리 오래되지 않은 과거와 현재를 냉철하게 보면 우리가 일군 경제력만큼 우리 사회가 깨끗하다고 자신 있게 말할 수 없을 것 같다. 무슨 게이트다, 무슨 스캔들이다 하고 세상이 떠들썩해지면 반드시 경영자가 연루되어 있다. 기업에서 비자금을 조성했다고 하면 정치인을 상대로 한 로비도 따라 나온다. 전보다 많이 깨끗해졌다고는 하지만 여전히 우리 기업들에는 부정부패와 비리가 남아 있다. 우리 경제가 발전한 데는 기업의 역할이 절대적이었다. 기업이 생산하고 수출하고 고용을 창출하고 세금을 내었기에 나라 경제가 이만큼 성장한 것이다. 그런 기업이니 칭찬을 받아야 마땅한데도 비리의 유혹과 압력을 떨치지 못해 국민으로부터 불신을 받는 것은 참으로 안타까운 일이다. 이런 문제를 해결하지 않고서는 아무리 회사가 커진다고 해도 위대한 기업이 될 수 없다.

경영자는 법과 도덕을 엄격히 따져야 한다. 이에 어긋나는 유혹과 압력을 단호하게 물리치는 용기가 필요하다. 사람에게는 자신에게 주어진 분수가 있고, 그 분수에 따라 사는 것이 행복하다고 한다. 모든 고통의 근원은 분수에 넘치는 욕심이 아닐까 한다. 우리가 많이 가지고도 행복하지 못한 것은 만족을 모르기 때문이다. 분수를 모르기 때문이다. 건강은 최대의 부富, 소욕小欲은 최상의 쾌락, 만족은 최고의 복福이라고 한다.

분수를 아는 경영자는 항상 몸과 마음이 평안해 스스로 원하는 바를 얻게 된다. 인생의 가치는 무엇을 얼마나 소유하느냐에 있는 것이 아니라 얼마나 가치 있는 삶을 영위하느냐에 있다. 경영자는 항상 기업은 무엇이고, 경영은 왜 하는 것이며, 나는 누구인가를 생각하며 자신의 직분을 알고 이에 충실하도록 노력해야 한다.

세상에서 가장 강력한 무기는 정직이다. 정직은 경영자의 생명이나 다름없다. 엄청난 수의 고객, 막대한 자금력, 스마트한 참모를 다 갖추었어도 정직하지 않은 경영자는 끝내 무너지고 말 것이다.

그냥 무너지는 것이 아니라 그동안 자신이 쌓은 모든 것을 내놓고도 되돌리지 못할 정도로 비참한 최후를 맞고 말 것이다. 온갖 비리로 망신을 당하는 경영자들을 볼 때마다 나는 경영자의 한 사람으로서 쥐구멍에라도 들어가고 싶을 정도로 부끄럽다.

성현들은 "사람은 성誠이 있어야 세상을 바로 볼 수 있고, 가치 있는 삶을 누릴 수 있다."라고 했다. 경영도 성을 중시해야 할 것 같다. 성誠은 말言한 바를 이루는成 것이다. 실천할 수 없는 것은 말로 내뱉지 말아야 하고 한 번 뱉은 말은 반드시 지켜야 한다. 성이란 결국 정직이 아닐까.

경영은 물과 같은 것이다. 아무리 빛나는 전략도 혼탁한 경영 안에서는 빛을 잃고 말 것이다. 전략이 빛을 발하려면 투명하고 깨끗한 경영의 물속에서 흘러야 한다. 그래야 직원과 고객의 마음속으로 스며들 수 있다. 거짓말하는 경영자, 비리를 저지르는 경영자는 결국 지고 말 것이다.

깨끗한 경영자는 시작이 미미할지라도 언젠가는 직원과 고객들로부터 신뢰와 지지를 받게 된다. 그리고 회사를 성공적으로 키우고 지속성장하게 할 것이다. 그것이 깨끗한 경영의 놀라운 힘이다.

윗물이 맑으면 아랫물도 맑은 법이다. 경영자가 정직하면 직원도 깨끗하게 마련이다. 경영자가 비리를 저지르면 직원들도 따라 비리를 저지르게 된다. 경영자가 사리사욕을 채우면 직원들도 제 잇속만 생각하게 될 것이다. 그 결과 조직은 총체적인 부패에 휩싸이고 만다. 그런 조직은 절대로 오래가지 못한다. 경영자는 단순히 연봉을 많이 받는 사람이 아니라 회사와 직원의 성공을 위한 길잡이가 되어야 한다. 성공의 핵심은 투명성이다. 업무를 수행할 때 부정한 돈은 주지도 받지도 말아야 한다. 취해도 좋고, 취하지 않아도 좋은 경우는 취하지 않는 것이 좋다. 취하면 청렴을 해친다. 주어도 좋고, 주지 않아도 좋은 경우라면 주지 않는 것이 좋다. 주면 은혜를 상하게 할 것이다.

경영자와 직원의 정직은 기업의 가장 강력한 무기다. 글로벌 기업으로 가기 위해서도 정도경영은 중요하다. 믿지 못하면 어떤 기업도 손잡으려고 하지 않을 것이고 세계 시장에서도 외면 받고 말 것이다.

부자와 기업가가 존경받는 사회는 서민도 직원도 행복하다. 존경은 신뢰에서 나오는 것이며 신뢰는 투명성과 정직에서 비롯된다. 청빈淸貧이란 말만 있고 청부淸富란 말은 왜 없는 것일까. 무소유를 가르치신 법정스님은 '맑은 가난'이라고 했다. 이미 재물을 모은 부자나 이윤을 추구해야 하는 기업에게 맑은 가난을 실천하라고 할 수는 없다. 그들에게 나는 맑은 부자, 맑은 기업을 추구하라고 말하고 싶다. 맑은 부자와 맑은 기업이 많은 나라가 진정 살기 좋은 나라가 아닐까.

자만하면 진다

1998년 초여름 동양카드 사장 시절에 있었던 일이다. 동양카드는 아메리칸엑스프레스카드의 한국사업자였다. 당시 프랑스에서 아멕스 유럽지역 CEO회의가 열렸는데 나는 한국에서 선전하고 있는 동양카드의 성공사례를 발표해달라는 제안을 받고 파리로 가게 되었다. 발표를 마치고 호텔에 돌아온 나는 다음 일정으로 프랑스 월드컵이 열리고 있는 파리의 경기장으로 가야 했다. 호텔 로비에서, 마중 나온 아멕스유럽 사장은 나에게 아멕스벨기에 사장을 소개했다. 그날 한국팀과 겨루는 나라가 바로 벨기에였던 것이다. 그런데 그 자리에서 아멕스벨기에 사장이 몇 마디 형식적인 인사를 한 다음 비웃듯이 내게 말했다.

"벨기에가 5대 0으로 이길 겁니다."

순간 나는 그의 무례함에 너무나 불쾌했다. 다른 나라에서 온 임원들도 함께 있는 자리에서 그렇게 오만한 발언을 하다니 도저히 참을 수 없었다. 내가 왜 그렇게 생각하느냐고 묻자 그가 대답했다.

"지난 경기에서 한국은 네덜란드에 5대 0으로 지지 않았소? 벨기에와 네덜란드가 실력이 비슷하니 한국은 이번에도 5대 0으로 질 것이오."

나는 화가 치밀었다. 그것은 나 한 사람만 무시한 것이 아니라 우리나라의 자존심을 뭉개는 것이라는 생각이 들자 오기가 생겼다. 그래서 정색하고 말했다.

"절대로 벨기에는 한국을 이길 수 없을 겁니다."

그는 파안대소했다.

"우리가 한국을 이길 수 없다고요? 어째서 그런가요?"

나는 설명했다.

"내 얘길 잘 들어보시오. 지금 한국팀에는 감독이 없소. 당신 말대로 네덜란드에 5대 0으로 진 후 현지에서 경질되었소. 지금 한국 선수들에게는 선택의 여지가 없을 겁니다. 감독까지 경질된 마당에

이 경기마저 지고 돌아간다면 그들은 국민의 비난이 두려워 한국 공항에 착륙하지도 못할 것이오. 한국 선수들은 죽을힘을 다해 벨기에와 싸울 것입니다. 그것이 우리 한국 국민의 투지이고 근성이오. 그러니 절대로 당신들은 우리를 이길 수 없을 겁니다."

나의 비장한 발언에 아멕스벨기에 사장은 물론 옆에 있던 각국 임원들도 사뭇 놀라는 표정을 지었다. 바로 그때 아멕스유럽 사장이 이렇게 제안했다.

"두 분 모두 그렇게 자신이 있으시면 내기를 해보시는 게 어떻습니까? 지는 쪽에서 오늘 우리 모두에게 저녁을 사는 겁니다."

모두 박수를 쳤고 나와 아멕스벨기에 사장은 흔쾌히 내기 제안을 수락했다. 경기장 VIP 부스에서 나는 아멕스벨기에 사장과 나란히 앉았다.

경기가 시작되자 나는 손에 땀을 쥐며 목이 터져라 응원했다. 그러나 우리가 먼저 한 골을 내주고 말았다. 아멕스벨기에 사장이 나를 힐끗 보더니 "보았느냐?"며 우쭐한 표정을 지었다. 나는 속이 타들어갔다. 옆에 있던 아멕스재팬 임원이 부스 밖으로 나가 '코리아'가 적힌 붉은 응원띠를 가져와 내게 주었다. 나는 그것을 손에 들고 저 멀리 응원석에서 브이는 붉은악마들처럼 열렬히 함성을 질렀다. 그러면서 마음속으로 빌고 또 빌었다.

'반드시 이겨 저 오만한 아멕스벨기에 사장의 코를 납작하게 해

주오.'

나의 응원과 기도가 통했던 것일까. 경기 종료를 몇 분 앞두고 유상철 선수의 황금 같은 슛이 터졌다. 나는 숨이 멎는 줄 알았다. 가까스로 숨을 고르고 나서 아멕스벨기에 사장에게 눈짓을 하며 물었다.

"잘 보았소?"

경기는 1대 1 무승부로 끝이 났다. 우리 선수들은 네덜란드에게 5대 0으로 패한 상처를 씻기라도 하듯 강팀 벨기에를 맞아 사투를 벌인 끝에 무승부라는 쾌거를 만들어낸 것이다. 그것은 나에게 월드컵 우승만큼이나 값진 선물이었다.

나는 환호성을 질렀다. 나의 자존심, 우리나라의 자존심을 지켜준 태극전사들이 너무나 대견하고 위대하게 느껴졌다. 그리고 감사했다. 경기 종료 휘슬이 울린 뒤 나는 아멕스벨기에 사장을 쳐다보았다. 그의 얼굴은 도저히 믿을 수 없다는 듯 심하게 일그러져 있었다. 불과 두 시간 전의 오만방자함이 부끄러웠는지 나와 눈도 제대로 맞추지 못했다. 벨기에가 우리와 비기는 바람에 예선에서 탈락한 것은 그를 더욱 슬프게 했다.

저녁을 함께 먹는 자리에서 그는 내내 모두의 놀림감이 되어야 했다. 나는 그에게 '파이브닐(Five nil, 5대 0)'이라는 별명을 지어주었다.

4년 후 나는 남아프리카공화국에 있었다. 당시 동양생명 사장을 맡고 있었는데 우수영업사원들을 포상하기 위해 함께 여행을 떠난 것이다. 마침 그때 우리나라에서 월드컵이 열리고 있었다. 희망봉 전망대로 올라가는 엘리베이터 안에서 나는 한 이탈리아 청년을 만나 인사를 주고받았다. 우리의 대화는 자연스레 다음 날 있을 한국과 이탈리아 전으로 옮겨갔다. 그런데 그 청년은 이탈리아가 한국과 겨룬다는 사실 자체가 불쾌하다는 듯 비웃었다. 그리고 다음 날 나는 여행 중 버스 안에서 연장전까지 간 경기에서 안정환 선수가 역전골을 넣었다는 낭보를 운전기사로부터 전해 들었다. 아마 그 이탈리아 청년도 같은 시간 비보를 들었을 것이다. 그래서 그 승리가 더욱 통쾌했다. 그 후로 나는 잘나갈 때 조심하라는 말을 가슴에 품게 되었다.

길고 짧은 것은 대봐야 아는 것이다. 어제의 승자가 오늘의 패자가 될 수 있고, 오늘의 패자가 내일의 승자가 되지 말라는 법도 없다. 세상에 영원한 승자, 영원한 패자는 없다. 패자라고 의기소침할 필요가 없고 승자라고 자만해서는 안 된다. 성공을 가로막는 가장 무서운 적은 자만과 교만이다. 우리 대표팀이 벨기에와 비긴 후 자만했다면 2002년 월드컵에서 4강 신화를 이룩하지 못했을 것이다.

나는 오랜 공직생활과 비즈니스 현장에서 성공을 눈앞에 두고도 교만과 자만의 덫에 빠져 파멸하는 사람들을 숱하게 보았다. 성공으로 가는 차표는 부단한 노력이다. 그리고 성공의 마지막 문을 여는 열쇠는 겸손이다. 교만한 자는 다 이기고도 질 것이며, 겸손한 자는 계속 지다가도 언젠가는 승리할 날이 올 것이다.

기업도 마찬가지다. 20여 년에 걸쳐 나는 짐 콜린스가 쓴 세 권의 책을 읽었다. 첫 번째는 1995년에 읽은 『Built to last』라는 책이다. 우리말로는 '어떤 기업이 살아남는가' 정도가 될 것이다. 두 번째 책은 『Good to great좋은 기업을 넘어 위대한 기업으로』다. 저자는 이 책에서 좋은 기업은 위대한 기업이 될 수 없다고 했다. 좋은 것에 만족하기 때문이다. 이 두 권의 책은 기업의 지속가능성과 혁신을 알려준다. 경영에 도움이 될 만한 내용이 많다.

그러나 내가 가장 주목하는 책은 세 번째 『How the mighty fall 위대한 기업은 다 어디로 갔을까』이다. 짐 콜린스는 『Good to great』를 쓴 지 10년도 되지 않아 위대한 줄 알았던 기업들이 하나둘 몰락하는 것을 목도하고 세 번째 책을 집필했다. 앞의 두 책에서 기업이 몰락하지 않고 지속성장하는 데 필요한 핵심가치를 제시했다면, 그는 세 번째 책에서 그렇게 성장한 기업들이 왜 망하는지를 분석하고 있다. 주목할 것은 몰락하는 5단계 가운데 첫 번째 단계가 바로 '자만' 이라는 것이다. 성공으로부터 자만심이 생겨나기 시작하면서 기업은 서서히 몰락한다는 것이다.

아무리 위대한 기업이라도 '우리는 위대하고 무엇이든지 할 수 있다.'고 자만하는 순간 몰락의 첫 단추를 끼우는 것임을 알아야 한다. 현재 상태에 만족하는 것을 뛰어넘어야 위대한 기업이 될 수 있지만, 위대한 기업도 자만하면 몰락한다는 얘기다. 만족과 자만 사이를 지키는 것이 경영의 도道가 아닐까.

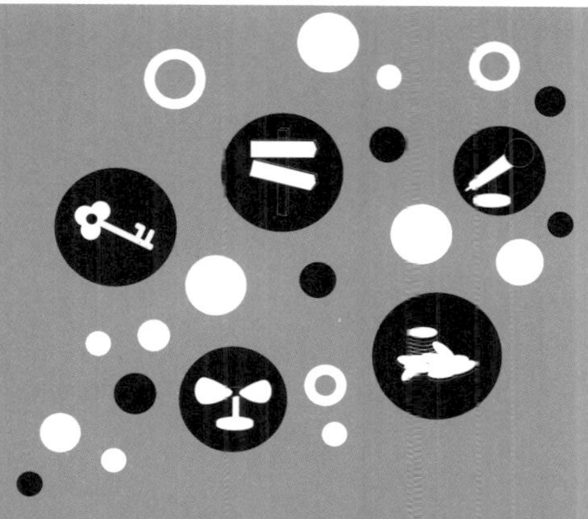

4. 가슴속으로 파고들라

리더는 감동할 줄 알아야 한다. 냉혹한 비즈니스 현장에서
는 더욱 그래야 한다. 영화를 보면서, 드라마를 보면서, 음
악을 듣다가, 책을 읽다가, 혹은 누구의 딱한 처지를 듣다
가 나도 모르게 눈물을 흘리곤 한다. 그것은 창피한 일이
아니다. 우리를 더욱 아름답고 강하게 만드는 힘이다.

믿는 만큼 통한다

비밀이 없어지자 신뢰가 생겼다.

많은 경영자가 노조 때문에 힘들다고 얘기한다. 노조는 노조대로 불만이 많다. 그런데 가만히 생각해 보면 세상에서 가장 소모적이고 바보 같은 싸움이 노사 간 분쟁이 아닐까 한다. 온갖 이유를 다 들이댄다 해도 같은 편끼리 싸우는 이유를 설명할 수는 없을 테니까.

직원 없는 경영자가 어떻게 경영할 수 있을까? 마찬가지로 회사가 없는 노조가 과연 존재할 수 있을까? 노사가 각자 스스로 이 근본적인 질문을 던져 본다면 끝을 모르고 치닫는 노사갈등은 의외로 쉽게 풀릴 수 있을 것이다.

내가 경영자로서 현장에서 경험한 여러 노조와의 대화가 노사문제로 고통을 겪는 사람들에게 조금이나마 도움이 될지드 모르겠다.

나는 동양그룹으로 자리를 옮긴 지 100일 만에 새로 출범한 동양카드의 사장을 맡게 되었다. 동양카드는 미국 아메리칸엑스프레스카드아멕스의 한국지사를 인수해 설립한 회사다. 세계적인 경쟁력을 갖춘 아멕스가 한국에서 철수하기로 결정한 것은 다름 아닌 노조 때문이었다. 한국지사의 노조가 너무 강성이어서 어느 나라에서도 경험해보지 못한 어려움을 겪다가 결국 한국 진출 10년 만에 지사를 팔고 떠나기로 한 것이다.

아멕스는 회사를 매각하고 철수하면서도 노조의 거센 반발을 의식해 고용을 승계한다는 조건을 제시해야 했다. 인수협상을 마치고 아멕스 임원들과 상견계 하는 저녁식사 자리에서 아멕스 임원이 내게 말했다.

"노조 때문에 경영이 쉽지 않을 것이오."

나는 웃으며 대답했다.

"나는 노조를 드려워하지 않습니다."

"그래도 모두 고용승계를 해야 할 텐데요."

"물론입니다. 아멕스 본사가 계약직으로 고용승계한다고 양해해준다면 해결할 수 있습니다.”

“계약직이라고요?”

“네, 계약직이라도 고용승계를 한다는 조항을 위반하는 것은 아니니까요.”

아멕스 임원은 식사하는 내내 고민하는 눈치였다. 그는 식사를 마치고 헤어지면서 내게 말했다.

“일부 직원에 대해 계약직으로 승계하는 것에 동의하겠습니다.”

그러면서 걱정스런 표정으로 덧붙였다.

“노조의 반발이 거셀 겁니다. 아무튼 건투를 빌겠습니다.”

아멕스 임원의 우려대로 내가 기존 직원을 정규직과 계약직으로 승계한다는 것을 노조원들에게 통보했을 때 저항이 만만치 않았다. 하지만 나는 노조원들에게 분명한 입장을 밝혔다.

“나는 동양카드를 맡아 경영하는 임무를 받은 사장입니다. 사장도 임원입니다. 임원은 ‘임시직원’의 준말이라고 합니다. 경영성과를 거두지 못하면 나는 해고당하고 말 것입니다. 그러므로 나 역시 여러분 같은 계약직이나 다름없습니다. 우리는 한 배를 탄 사람들입니다. 여러분은 노조활동을 위해 노조를 만든 것은 아닐 겁니다. 회사와 자신을 위해서였을 것입니다. 회사가 있어야 노조도 있는 겁니다. 나 역시 회사가 있기에 CEO로 일하고 있는 것입니다. 계약직으로 발령받은 직원도 열심히 일하면 빠른 시일 내에 모두 정규직으로 전환할 것을 이 자리에서 약속하겠습니다."

그것은 나의 진심이었다. 그리고 진심은 통했다. 1개월짜리, 3개월짜리, 6개월짜리 계약직 고용계약서를 든 노조원들은 중대한 선택을 해야 했다. 나와 함께 회사를 위해 노력할 것인지, 아니면 회사를 떠날 것인지 말이다. 일부는 회사를 떠났지만, 대부분의 계약직 직원들은 내가 약속한 대로 두 달도 안 되어 정규직으로 전환되었다. 이후 동양카드의 노조는 유명무실해졌다. 하지만 회사는 더욱 발전했고, 직원들 모두 성과에 따른 보상을 받았다.

동양생명 사장으로 자리를 옮긴 후에도 노조 문제가 발목을 잡았다. 당시 동양생명은 태평양생명을 인수했는데, 그쪽 노조가 워낙 강성이었다. 금융감독위원회와 인수협상을 하던 중에 기존 노사가 작성한 단체협약서를 보고 나는 그대로라면 도저히 인수할 수 없다고 했다. 단체협약서를 동양생명 노조와 맺은 협약 수준으로 수정한 후에야 인수를 결정했다.

하지만 인수 후에도 태평양생명 노조의 반발은 거셌다. 나는 태평양생명 노조 간부들과 만나 강성노조가 있는 한 동양생명과 합병할 수 없음을 분명히 밝혔다.

"동양생명에 이미 노조가 있으니 조만간 합병하면 노조도 통합하는 것이 옳습니다."

태평양생명 노조 집행부는 반대했다.

“동양생명 노조는 우리 노조원의 입장을 제대로 대변할 수 없을 것입니다. 틀림없이 태평양생명 직원들이 차별대우를 받게 될 것입니다.”

나는 진심을 담아 이렇게 말했다.

“내가 차별대우를 하면 여러분이 일을 제대로 하겠습니까? 그러면 회사도 어려워질 것이 뻔한데 내가 바보입니까?”

하지만 노조 간부들은 여전히 내 말을 믿지 못하겠다는 눈치였다. 나는 자신 있게 말했다.

“530억 원이나 주고 인수한 회사의 직원들을 홀대할 까닭이 있겠소? 절대로 차별은 없을 것입니다. 내가 약속하지요. 나는 약속을 반드시 지키는 사람입니다.”

그렇게 진심으로 대화한 끝에 나는 노조 간부들을 설득할 수 있었다. 그리고 3개월 후 동양생명과 태평양생명은 합병하는 데 성공했다. 두 회사의 전 직원이 참석한 자리에서 동양생명 여직원이 신부가 되고, 태평양생명의 남자 직원이 신랑이 되어 결혼식을 올리는 퍼포먼스도 무대에 올렸다. 그 와중에 외부 노동단체들이 노노와 노사를 이간질하는 일도 있었지만, 태평양 노조원의 절대 다수가 나를 믿어주어 성공적인 합병과 노조단일화가 이루어졌다.

한일합섬 사장을 맡았을 때도 비슷한 경험을 했다. 당시 한일합섬에는 생산직과 관리직으로 구성된 두 개의 노조가 있었는데, 나는 생산직 노조위원장을 만나 진심을 나눈 끝에 노조를 단일화할 수 있었다. 과거에 수만 명의 노조원을 이끌던 노조위원장이 대의를 위해 자신의 자리를 기꺼이 내려놓는 것을 보면서 나는 감명을 받았다.

노사가 협력할 수 있었던 가장 큰 비결은 서로 신뢰했기 때문이다. 나는 노조위원장에게 회사와 경영에 관해 어떠한 것도 비밀로 하지 않았다. 경영상 잘한 것이든, 못한 것이든 있는 그대로 보여주고 공유했다. 노조위원장은 그렇게 숨김없이 대화에 나서는 나를 믿어주었다. 노勞든 사社든 모두 회사를 위해 일하는 사람들이라고 믿었기에 가능했다. 신뢰는 거울 같은 것이다. 금이 가면 원상태로 돌아가지 않는다.

약속은 자존심이다

한번 약속을 어기면 정말 상대의 마음을 움직여야 할 때
낭패를 볼 것이다.

나는 하루에 두 번 아내에게 전화를 한다. 결혼한 지 35년이 지났지만 하루도 거르지 않고 계속 해오는 일이다. 프러포즈를 할 때 그런 약속을 한 것은 아니지만, 신혼 때부터 신부를 외롭게 하거나 남편 때문에 걱정하게 하지 않겠다고 나 자신과 약속한 것이다. 나에게는 "손에 물 한 방울 안 묻히고 살게 해주겠다.", "돈방석에 앉게 해주겠다."는 그런 약속보다 중요한 약속이었다.

회사에서 점심 먹고 들어와 한 번, 퇴근 무렵 또 한 번, 이렇게 두

번 전화를 건다. 오전에 별 일 없었는지, 퇴근 후 곧바로 집에 들어
갈 것인지, 저녁약속이 있는지 알려준다. 심지어 해외출장 때도 예
외가 아니었다.

신혼부부도 아니고 30년을 넘게, 그것도 매일 두 번이나 전화 하
는 우리 부부를 두고 서로 의심이 많아 그런 것 아니냐고 말하는 사
람도 있다. 하지만 우리 부부는 이 두 통의 전화로 날마다 신뢰를
쌓아가고 있다. 내가 아내와 결혼하면서 나 자신과 한 약속을 지켜
왔기에 가능한 일이다.

나는 약속을 자존심이라고 생각한다. 약속을 지키는 것이야말로
자존심을 지키는 것이다. 남자들은 흔히 아내와 한 약속을 지키지
않아도 된다고 생각하는 경향이 있다. 손에 물 안 묻히게 해준다는
약속이나 돈방석에 앉혀준다는 약속 같은 허무맹랑한 약속을 어기
는 것은 물론이고, 친구들과 밤늦게 술을 마실 확실한 계획을 가지
고 있으면서도 "오늘 일찍 들어가겠다."라고 밥 먹듯이 약속을 하
고 반드시 어긴다.

아내와의 약속은 개인적인 약속이므로 어겨도 무방하다고 여기
는 남편들 치고 업무상 약속이나 사회적으로 중대한 약속을 잘 이
행하는 사람은 닿지 않다. 나의 경험으로는 사소하다고 생각되는
약속을 잘 지키는 사람이 중요한 약속도 잘 지킨다. 아내와의 약속
을 지키지 않는 경영자는 직원들과의 약속도 지키지 않을 가능성이

높다. 나는 직원들과 한 수많은 약속을 아내와 한 약속처럼 지키며 살아왔다.

동양생명 사장 시절, 나는 태평양생명을 인수할 때 피인수 회사의 직원이라고 차별하는 일은 절대 없을 것이라는 약속을 지켰다. 나는 어느 회사를 맡든 직원들과 임금협상이라는 것을 해본 적이 없다. 나는 임금인상을 요구하는 직원들에게 "여러분의 임금은 나의 자존심이다. 회사 형편이 허락하는 한 나의 자존심만큼 올려주겠다."고 약속했다. 사장의 자존심이라는 말에 직원들은 그 약속을 믿어주었고 나는 약속을 지켰다.

내가 동양시스템즈 사장으로 부임했을 때의 일이다. 내가 부임한 첫해 불행하게도 회사가 적자를 보았다. 가는 회사마다 흑자전환의 신화를 썼다고 소문난 나로서는 여간 자존심이 상하는 게 아니었다. 나는 과감하게 구조조정에 돌입했다. 조직을 개편하고 임금을 10퍼센트 삭감하겠다고 결정했다. 물론 내 봉급부터 깎았다. 하지만 직원들은 동요하기 시작했다. 나는 직원들에게 "흑자가 나면 삭감한 급여를 되돌려주겠다."고 약속했다. 하지만 그 약속을 곧이곧대로 믿는 사람은 별로 없어 보였다.

시스템통합 업계의 극심한 불황을 뚫고 이듬해 우리는 흑자전환에 성공했다. 나는 약속대로 삭감한 급여를 되돌려 주려고 했다. 그러자 임원들이 내게 "정말로 되돌려줄 생각이냐?"라고 물었다. 그들은 삭감한 급여를 되돌려줄 경우 흑자폭이 엄청나게 줄 것을 우려하고 있었다. 나는 "사장이 직원들과 한 약속은 어떤 경우라도 지켜야 한다."며 "직원들의 노력으로 흑자가 난 이상 환급 때문에 적자를 보는 한이 있더라도 약속은 지켜야 한다."고 말했다. 다행히 삭감한 급여에 일정액의 보너스까지 얹어 주고도 우리는 흑자를 유지할 수 있었다.

"이 회사의 주인은 여러분입니다."

사장이 직원에게 하는 최고의 거짓말이라고 한다. 우스갯소리라고는 해도 경영자로서 그런 얘기를 들으면 그리 유쾌하지는 않을 것이다. 주인의식을 가지고 일하라는, 좋은 뜻으로 한 얘기가 왜 최고의 거짓말이 되어버렸을까? 잘못은 역시 경영자에게 있다. 경영자가 직원들로부터 신뢰를 받지 못하기 때문에 아무리 좋은 말도 거짓말이 되는 것이다.

그 거짓말이 진실이 되려면 어떻게 해야 할까. 경영자가 직원들에게 한 약속을 지키면 된다. 열심히 일한 직원에게 보상하겠다고 했으면 어떤 일이 있어도 보상해야 한다. 직원과 한 약속을 상황이 바뀌었다고 손바닥 뒤집듯 번복하면 다음부터는 아무리 진심으로 말한다 해도 거짓말로 간주되고 말 것이다.

가끔 말로 시작해 말로 끝나는 경영자들을 볼 때가 있다. 그런 경영자라면 직원들이 신뢰하지 않을 것이다. 직원들도 믿지 않는 경영자가 경영하는 회사를 고객이 믿을 수 있겠는가. 그냥 말을 잘하거나 말만 잘하는 경영자로 인식할 것이다. 빈말을 일삼고 약속을 지키지 않는 경영자들은 오래갈 수 없다. 말한 것을 이룬다는 성誠의 의미를 경영자들은 가슴에 깊이 새겨야 한다.

아무리 사소한 것이라도 직원들과 한 약속은 반드시 지켜야 한다. 한번 약속을 어기면 정말 직원들의 마음을 움직여야 할 때 제대로 말을 듣지 않을 것이다.

감동해야 감동시킨다

동양생명 사장 시절 함께 근무한, 잊을 수 없는 두 명의 지점장이 있다. 첫 번째 지점장은 아주 열심히 일하는 리더였다. 언제나 솔선수범하는 그는 부하직원들로부터 존경을 받았다. 나 역시 성실한 그를 눈여겨보았다. 그러던 어느 날, 지점장 회의를 하다가 그의 안색이 예사롭지 못한 것을 알게 되었다. 얼굴빛이 검고 무척이나 피로해 보여 어디가 아프냐고 물었다. 그는 별일 아니라고 했지만 회의가 끝나고 그를 잘 아는 임원에게 무슨 병인지 물었다. 임원은 망설이다가 그가 간경화를 앓고 있다고 전해주었다. 나는 좀 쉬면서 건강부터 챙기라고 지시했지만, 그는 다음 회의, 그 다음 회의에도 변함없이 참석했다. 입원하지 않고 계속 회사에서 일하고 싶어 했다. 나는 더 말리고 싶었지만 그가 그토록 원하는 것을 막을 수 없었다.

결국 그는 현역으로 일하다 세상을 떠나고 말았다. 나는 병마와 싸우면서도 끝까지 손에서 일을 놓지 않은 그에게 감동했다. 그리고 그가 청춘을 바쳐 일한 회사의 사장으로서 무엇을 할 수 있을지 생각했다. 일단 그의 장례를 회사장으로 치러주기로 했다. 당연히 그래야 한다고 생각했다. 문상을 하고 혼자가 된 그의 아내를 위로하면서 나는 회사를 위해 끝까지 성실하게 일한 가장의 깊은 애사심에 보답하는 차원에서 당시 고등학생이던 아들이 대학을 졸업할 때까지 등록금을 회사에서 지원하겠다고 약속했다. 그리고 가장을 잃고 생계를 책임져야 할 지점장의 아내를 회사 콜센터에 취업할 수 있도록 했다. 나는 그러한 조치들이 특별하다고 생각하지 않았다. 성실하게 일한 임직원이라면 회사와 경영자가 그 정도는 해야 마땅하다고 생각했다. 하지만 너무나 당연하다고 생각한 나의 행동이 회사 안팎에 잔잔한 감동을 주었다는 사실을 나는 나중에 알게 되었다. 임직원들 사이에 '열심히 일하면 회사가 알아준다.'는 믿음이 생기게 되었다.

10년쯤 지난 2011년 봄, 나는 한 통의 전화를 받았다. 내가 동양생명 사장 시절 가입했던 보험이 만기가 되었다는 통보였다. 나는 알았다며 수화기를 내려놓으려고 했다. 바로 그 순간, 전화를 건 직원은 무슨 할 말이 더 있는지 "부회장님!" 하고 다급하게 불렀다. 내가 "무슨 일이냐?"라고 묻자 그 직원은 그제야 자신의 신분을 밝혔다. 그는 내가 그 옛날 콜센터에 입사시켜준, 바로 그 지점장의 아내였다. 나는 오랜단이라며 무척 반가워했고, 그는 마치 어제 일처럼 고마워했다. 덕분에 남편을 잃은 슬픔을 딛고 아이들을 키우며 큰 어려움 없이 살 수 있었다고 했다.

전화를 끊고 나는 생각에 잠겼다. 고마움을 표시한 사람은 분명 그 지점장의 아내인데, 나 역시 형언할 수 없는 고마움을 느꼈기 때문이다. 사실 나는 여러 회사를 돌며 정신없이 일하느라 그 때 일을 잊고 지냈다. 하지만 지점장의 아내는 10년이 지난 후까지 나를 기억하고 나의 보험 만기일에 맞춰 직접 전화를 걸어 감사 인사를 한 것이다. 그것은 나에게 감사를 넘어 감동이었다.

내가 잊지 못하는 또 한 명의 지점장은 당시 유일한 여성 지점장이었다. 임원 승진 인사 때 나는 여러 후보 중에 그를 즈목했다. 그는 유일한 여성 지점장이란 점 말고도 또 하나의 타이틀을 가지고 있었다. 바로 설계사 출신 지점장 1호였다. 당시 동양생명은 물론 업계에서도 최초라고 했다.

나는 그에게 세 번째 타이틀을 주기로 했다. 국내 보험업계 최초의 여성 임원으로 승진시키는 것이었다. 여성 임원도 최초였지만, 설계사 출신으로 임원이 된 것도 처음이었다. 게다가 그에게 핵심 지역인 서울지역 본부장을 맡겼다. 그것은 아무도 예상하지 못한 파격이었다. 관례를 깨도 너무 깬다는 우려 섞인 분위기가 감지되긴 했지만, 나는 아랑곳하지 않았다. 그는 임원 승진 대상 후보 가운데 경력이나 실적으로 전혀 손색이 없었기 때문이다. 나는 그가 여성이든, 설계사 출신이든 무슨 문제가 되는지 알지 못했다. 내가 주목한 것은 누가 일을 잘하고, 누가 회사에 기여할 것인가뿐이었다.

나의 파격 인사는 회사 안팎에서 엄청난 화제가 되었다. 우선 설계사들에게 하나의 감격이었다. 설계사가 정직원이 되는 것도 요원하던 그 시절, 임원에까지 오른다는 것은 상상할 수 없는 일이었다. 최초의 설계사 출신 여성 임원이 출현한 것은 모든 설계사에게 감동과 희망을 안겨주었다. 그들은 열광했고 사기는 충천했다. 나는 신임 서울지역 본부장과 지점을 방문할 때마다 현장의 설계사들이 환호하는 소리를 들을 수 있었다. 파격 인사의 감동은 거기서 끝나지 않았다. 당시 〈성공시대〉라는 TV 프로그램에서 그 임원을 주인공으로 다루기까지 했다. 감동은 전파를 타면서 더욱 커졌다. 덕분에 회사 인지도가 높아졌고 이미지도 좋아졌다.

나는 두 지점장을 떠올릴 때마다 감동의 힘이 얼마나 위대한지 실감하곤 한다. 감동은 받으려 한다고 받는 것이 아니다. 억지로 만들 수도 없다. 진심이 통할 때 감동하는 것이다. 모두가 '감성경영', '감동경영'을 말한다. 직원을 감동시켜야 직원이 고객을 감동시킨다고 한다. 직원을 감동시키기 위해서는 사장이 먼저 감동해야 한다. 나는 현업에서 끝까지 최선을 다하다 생을 마감한 지점장과 여성 설계사라는 불리한 조건을 극복하고 올라온 열정적인 지점장에게 감동했다. 그들에게 감동했기에 나는 또 다른 감동을 만들어 낼 수 있었던 것이다.

리더는 감동할 줄 알아야 한다. 냉혹한 비즈니스 현장에서는 더욱 그래야 한다. 영화를 브면서, 드라마를 보면서, 음악을 듣다가, 책을 읽다가, 혹은 누구의 딱한 처지를 듣다가 나도 모르게 눈물을 흘리곤 한다.

그것은 창피한 일이 아니다. 우리를 더욱 아름답고 강하게 만드는 힘이다.

세상에서 가장 아름다운 사표

'나는 뭐가 그리 잘나서 이 사람의 사표를 받고 있나.'

예전에 지하철 광고에서 본 것으로 기억한다. 광고는 아버지를 이렇게 정의했다.

「하루에 백 번 사표를 쓰고, 쓴 사표를 백 번 찢어 버리는 사람이다.」

가족의 생계를 어깨에 짊어지고 사는 가장의 애환을 이보다 적나라하게 표현한 말이 또 있을까 싶다.

나는 사표를 두 번 써 보았다. 첫 번째 사표는 공직에 있다가 기업으로 오면서 썼다. 13년 넘게 몸담은 공직을 떠나는 것이 쉬운 일은 아니었다. 내 청춘을 다 바쳤다고 해도 과언이 아니었으니까. 더구나 공직자에서 기업 임원으로 변신한다는 것이 세간의 시각으로 보면 그리 자연스러운 일도 아니었다. 경제기획원에서 나라살림을 꾸려가는 자긍심과 보람을 뒤로하고 이윤을 추구하는 기업으로 간다는 것이 아무렇지 않을 수는 없었다.

기업으로 가는 것이 비난 받을 일은 아니었지만, 그래도 나라에 봉사하겠다는 청운의 꿈을 품고 달려온 나는 공직을 떠나는 것이 못내 아쉬웠다. 공직을 떠나 기업에 들어온 지 십 수 년이 지난 지금, 당시 고시 동기들 중에 장관을 지낸 이들을 보면서 나도 계속 공직에 있었으면 조금 더 큰 뜻을 펴볼 수 있지 않았을까 하는 미련이 남는 것은 공명심 때문만은 아닐 것이다.

두 번째 사표는 동부그룹에서 동양그룹으로 옮길 때 썼다. 정든 회사를 떠나는 마음이 편치 않았지만 그래도 경영자로서 새로운 도전을 할 수 있다는 생각에 미련 없이 사표를 던질 수 있었다.

그 후로 사표를 쓴 일은 없다. 언젠가 은퇴할 때 또 한 번 사표를 쓰게 될 테니 그렇게 되면 내 인생에 사표는 모두 세 번이 될 것이다. 한 직장에 평생 몸담고 있다가 정년을 마치며 단 한 번 사표를 쓰는 사람보다야 못하겠지만, 나름대로 파란만장한 세상살이를 하면서 사표를 세 번만 썼다면 엉덩이가 가볍다는 소리는 듣지 않아도 되는 것 아닌가.

공직에서 기업인으로 변신할 때 썼든, 회사를 옮길 때 썼든 사표는 그리 유쾌한 물건이 아니다. 아무리 좋은 마음으로 써도 사표는 떠남이고 이별이니 아쉽고 미안하고 서운한 감정이 안 들 수 없다.

사표를 쓰는 마음의 무게가 천 근이라면, 사표를 받는 마음은 만 근은 될 것이다. 짧지 않은 세월을 CEO로 있는 동안 나는 무수히 많은 사표를 받아야 했다. 부하직원이 들고 온 사표를 수리할 때는 내가 사표를 쓸 때와는 비교할 수 없는 서운함에 마음이 편치 않았다.

더 좋은 곳으로 가기 위해 회사를 떠난다고 해도 서운함이 큰데 회사가 어려워 구조조정을 할 수밖에 없는 상황에서 능력 있는 직원의 사표를 받을 때의 미안함이란 말로 다 할 수 없을 것이다. 그럴 땐 '나는 뭐가 그리 잘나서 이 사람의 사표를 받고 있나.' 하는 자책감이 들기도 했다.

내가 받은 사표 가운데 가장 힘들었던 사표가 한 장 있다. CEO인 나를 도와 회사의 어려운 고비를 함께 넘긴 한 임원의 사표였다. 그는 유능하고 성실한 사람이었다. 그런데 그 임원에게 심상찮은 변화가 생겼다. 어느 날 회의 때 그 임원이 말을 하는데 평소와는 달리 발음이 신통치 않고 앉아 있기도 불편해 보였다. 처음엔 과로 탓에 컨디션이 안 좋은 정도로만 생각했다. 그런데 날이 갈수록 상태가 악화되는 것 같아 조용히 불러 아무래도 심각한 것 같으니 병원에 한번 가보라고 했다.

그리고 몇 달 후 나는 청천벽력 같은 소식을 들었다. 그 임원이 루게릭병에 걸렸다는 것이었다. 근육이 점점 굳어가 나중엔 몸이 화석처럼 되어 버린다는 그 무서운 루게릭병 말이다. 너무 희귀한 병이라 그저 증세가 악화되는 속도를 늦추는 것 말고는 달리 손 쓸 방법이 없다고 했다.

임원과 그 가족이 감당해야 할 고통을 생각하니 나는 참담한 심정이었다. 회사를 위해 헌신적으로 일한 사람이었기어 더 가슴이 아팠다. 몸도 돌볼 틈 없이 너무 무리해서 일하게 한 건 아닌지 미안한 마음도 컸다.

임원은 회사를 그만두려고 했다. 하지만 나는 그의 사표를 받지 않았다. 병가를 내고 얼마가 걸리든 병이 나을 때까지 치료를 받으라고 했다. 그것은 내가 인사권자로서 그동안 열심히 일한 그에게 해줄 수 있는 최선이었다. 몹쓸 병에 걸린 것만으로 절망감에 빠졌을 그의 사표를 받는다는 것은 CEO로서도, 우리 두 사람의 인연으로도 할 수 없는 일이었다.

그는 병원에 입원했고, 나는 다른 임원들을 통해 그의 병이 점점 더 악화되어 가고 있다는 안타까운 소식을 듣고 있었다 시간이 흐르자 인사팀에서 회사 규정상 일정기간이 지나면 퇴직처리를 할 수밖에 없다는 보고가 올라왔다. 하지만 힘겹게 병마와 써우고 있을 그를 생각하며 나는 경제적인 어려움이라도 좀 덜어줄 요량으로 규정을 다시 검토해 방법을 찾아보라고 했다. 사규 때문이라면 나의 재량권을 최대한 반영해 예외적으로 그의 직위를 유지해 달라고 부탁했다. 다행히 좀 더 휴직 상태를 지속할 수 있었다.

그렇게 또 시간이 흘렀다. 하지만 병이 계속 악화되어 가자 그 임원은 다른 동료 임원을 통해 나에게 사의를 밝혀 왔다. 병이 나을 가망도 없고 회사와 나에게 더 이상 누를 끼칠 수 없다고 했다. 나는 회사일은 내가 다 책임질 테니 병이나 빨리 나을 생각 하라며 사의를 받아들이지 않았다. 그 후로도 그는 몇 차례 더 사의를 밝혀 왔지만 내 입장은 바뀌지 않았다.

그러던 어느 날, 그가 나를 찾아왔다. 다른 사람의 부축을 받고도 거의 몸을 움직이지 못할 정도로 마비가 온 상태에서 내 방까지 올라온 것이다. 나는 그를 똑바로 쳐다볼 수가 없었다. 그가 얼마나 힘겹게 한 걸음 한 걸음 걸어왔을까 생각하며 "그 몸을 해 가지고 여기까지 왜 왔느냐?"며 화를 냈다.

그는 표정도 제대로 짓지 못한 채 내게 무슨 말을 하려고 하는 것 같았다. 하지만 그의 얘기는 온전하게 입 밖으로 터져 나오지 못하고 있었다. 이미 의사표현을 제대로 할 수 없을 정도로 몸이 굳어버린 것 같았다. 그런데도 그는 계속해서 애절하게 내게 무언가 말을 하려고 안간힘을 썼다. 나는 그와 눈을 맞추며 그가 하는 말을 천천히 해독해 갔다.

그의 얘기는 "이제 몸이 더 굳어지면 사표를 받아달라고 할 수도 없으니 더 늦기 전에 사표를 수리해 달라."는 것이었다. 나는 눈물이 왈칵 쏟아졌다. 나는 그개를 저으며 그럴 수 없다고 했다. 그의 눈에서도 눈물이 흘러내렸다. 나는 복받치는 감정을 참지 못해 화석처럼 굳어 있는 그를 안았다. 나는 힘없이 휘청대는 그의 몸에서 아직 남은 온기를 느끼며 회사를 위해 열정적으로 뛰어다니던 그의 옛 모습을 떠올렸다. 아마 그도 같은 것을 추억하고 있었을 것이다.

그 추억이 지금도 힘겹게 병마와 싸우고 있는 그에게 기적을 일으켜주길 기도한다.

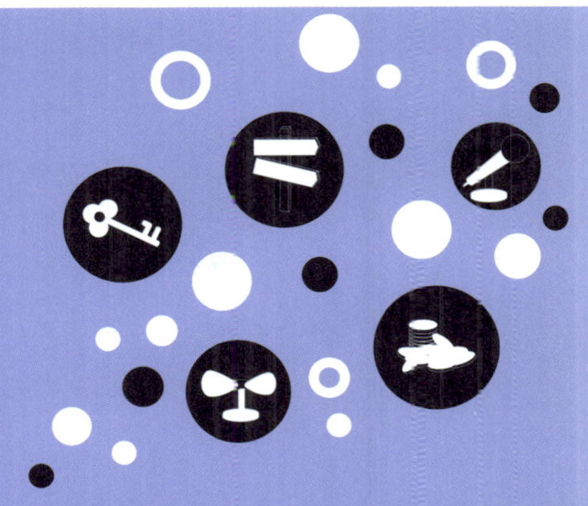

5. 인생은 가꾸는 대로 빛난다

겨울나무가 아름다운 것은 싱그러운 초록의 기억을 담그 있기
때문이다. 젊은 시절의 꿈과 희망과 사랑을 간직하고 있다면
지금보다 더 나이가 들어도 나는 더 젊어질 것이다.

성공의 기준은 가정

고향 사람들은 나를 보고 성공했다고 한다. 시골에서 태어나 고시를 패스하고 정부중앙부처에서 오래 근무했고, 대기업 CEO를 거쳐 부회장에까지 올랐으니 그만하면 성공한 것이 아니냐고 한다. 사회적으로 체면을 유지할 만큼 어느 직위에 오르고 먹고살 만큼 재산을 모은 것을 성공이라고 한다면 나도 성공을 거둔 것일지 모른다.

그러나 나는 사람들이 말하는 성공에 관해서는 별로 생각해본 적이 없다. 왜냐하면 그런 성공은 목표를 달성하는 순간 사라져버리기 때문이다. 사원 때는 더리가, 대리 때는 과장이, 과장 때는 부장, 부장 때는 임원, 임원 때는 사장이 성공한 것이라고 생각할지도 모른다. 그러나 정작 그 직급에 오르고 나면 자신이 성공했다는 생각보다는 더 높은 곳을 바라게 된다. 현재 자신이 오른 직급은 이미 달성된 목표이니 다음 목표를 생각하는 순간 버려지는 것이다. 성공이 좋은 것이어야 하는데 목표를 달성하는 순간 사라져버린다면 얼마나 허무한 일인가.

돈도 마찬가지다. 돈을 많이 벌면 성공했다고들 하는데, 도대체 얼마나 돈을 벌어야 성공한 것인지 모르겠다. 돈이 많다고 자랑하는 사람들을 보면 부럽다는 생각보다 다 쓰지도 못하고 죽을 만큼 많은 돈을 가지고 사는 것이 무슨 의미가 있을까 의문이 들 때가 많다. 먹고사는 데 필요한 돈보다 두 배가 많은 것이 성공이라면, 20배나 200배가 많으면 더 성공한 것일 텐데, 그런 사람이 과연 20배, 200배 더 행복할까.

얼마나 높은 자리에 올랐는지, 얼마나 돈을 모았는지를 성공의 잣대로 삼는다면 누구도 만족할 수 없을 것이다. 아무리 높은 직급이라도 더 높은 직급은 있게 마련이고 돈은 모을수록 더 모으고 싶은 것이 사람의 욕심이니까.

나는 어느 정도 직위에 오르고 먹고살 만큼 돈이 모였다고 생각하고 나서부터 성공의 의미를 다시 생각하게 되었다. 내가 찾아낸 성공의 가치와 기준은 다름 아닌 가족과 가정이다.

나는 예전 『붉은 소파』라는 책에서 어느 어부가 한 얘기를 읽은 적이 있다. "가장 행복하다고 느끼는 순간이 언제냐?"는 질문에 어부가 잠시도 주저하지 않고 대답했다.

"가족이 먹을 물고기를 잡을 때입니다."

우리가 성공이나 행복이 무엇인지를 고민할 때마다 이 어부의 말을 기억하는 것이 중요하다고 생각한다. '식구食口'라는 말 속에는 생계라는 절박함이 있는 동시에 함께 밥을 먹는 기쁨이 있다. 옛 어른들은 이런 얘기도 한다.

"세상에서 가장 보기 좋은 것이 마른 논에 물 들어가는 것과 자식 입에 밥 들어가는 것이다."

자식 입에 밥이 들어갈 만큼 돈을 모았다면 그 아버지는 백만장자처럼 성공한 것이 아닐까 한다. 아내가 어느 날 차를 몰고 나갔다가 운전 미숙으로 앞 차를 살짝 받은 적이 있다. 다행히 그다지 많지 않은 금액으로 합의를 했는데, 그 때 아내는 나와 결혼한 것을 참 잘했다고 생각했단다.

그 얘기를 듣고 나 역시 뿌듯했다. 남편으로서 아내에게 그만큼이라도 힘이 될 수 있다는 사실에 감사했다. 아내가 차 사고를 냈을 때 합의금을 물어줄 만큼 돈을 모았다면 굳이 억만장자가 되지 않아도 성공한 것이라고 생각했다.

세상 사람들이 말하는 대단한 성공을 거두지 않아도 가족이 먹고 살 수 있고, 가끔 예기치 못한 사고가 났을 때 무난하기 해결할 수 있다면 그것만으로도 충분히 성공한 것이 아닐까 한다.

정치인이나 기업가가 더 높은 자리와 더 많은 돈을 좇다가 온 세상에 자신의 치부를 다 드러내고 망신을 당하는 것을 보면서 나는 그 가족들이 받을 돌이킬 수 없는 상처를 생각하곤 한다. 그들이 아무리 높은 자리에 올라가고 아무리 많은 돈을 모은다고 한들 그 과정에서 가족이 받은 상처를 치유할 수 있을까.

금의환향錦衣還鄕이라는 말이 있다. 젊은 시절 대지로 나간 사람이 비단 옷을 입고 고향에 들어온다는 뜻이다. 나는 '금의'보다 '환향'이 더 중요하다고 생각한다. 비단 옷이 아니라 금으로 만든 옷을 입는다고 한들 가족의 품으로 돌아오지 못한다면 무슨 소용이 있겠는가. 비단 옷을 입고 오지 않더라도 가족이 입을 따뜻한 옷 한 벌이라도 가지고 돌아올 수 있다면 그는 성공적인 삶을 산 것이 아닐까 한다. 성공의 기준은 돈과 명예가 아니라 가족과 가정이다.

미국 클린턴 정부의 초대 노동부장관이던 로버트 라이시Robert B. Reich가 어느 날 갑자기 장관직을 그만두고 가정으로 돌아가 버리고 말았다. 그러자 한 나라의 장관으로서 무책임한 행동을 했다는 비난여론이 들끓었다. 나중에 그는 『성공의 미래』라는 책에서 당시

장관직을 사퇴한 이유를 밝혔다.

라이시는 장관이 되어 일에 파묻혀 날마다 밤늦게 퇴근해야 했다. 장관이 되기 전에 매일 저녁 어린 아들에게 해주던 굿나잇 키스도 못하게 되었다. 미안했던 라이시는 어느 날 아들에게 전화를 걸어 "오늘도 늦게 들어갈 수밖에 없어 굿나잇 키스를 해주지 못해 미안하다."며 "혼자 잠자리에 들라."고 말했다. 그러나 아들은 "아무리 늦게 들어와도 좋으니까 들어오면 자기를 깨워 달라."고 고집을 부렸다. 라이시는 아들에게 그 이유를 물었다. 아들은 "아빠가 집에 있다는 걸 확인하기 위해서."라고 대답했다. 그 말을 듣는 순간 라이시는 망치로 머리를 얻어맞은 것 같은 충격을 받았다. 그리고 잠시의 망설임도 없이 사직서를 썼다.

나는 라이시가 노동부장관이었다는 점에 주목한다. 노동부장관은 일과 일하는 사람들의 문제를 해결하는 사람이다. 많은 가장이 가족 때문에 일 한다고 한다. 그가 한 나라 장관으로 갑자기 사퇴한 것은 비판 받을 수도 있겠지만, 우리가 일하는 진정한 목적을 일깨웠다는 점에서는 그 결단에 박수를 보내고 싶다.

사랑하라, 후회 없이

1998년 아버지가 교통사고를 당하셨다. 엎친 데 덮친 격으로 한 달 후 간병하던 어머니도 갑자기 쓰러지셨다. 어머니에게 협심증이 있다는 사실을 그때 알게 되었다. 어머니는 치료를 받고 퇴원하셨지만 불행하게도 아버지는 끝내 눈을 감고 마셨다.

그 충격으로 어머니의 심장병은 악화되어 갔다. 하지만 종부宗婦인 어머니는 자식들의 만류에도 전주 고향 집에 그대로 계시겠다고 했다. 나는 아픈 어머니를 홀로 있게 할 수 없어 인근에서 간병인을 구해 정성껏 보살펴 드리도록 하고 서울로 올라왔다.

어머니의 병은 갈수록 심해져 인근 도시의 대학병원에 입원하는 일이 잦아졌고 나는 그때마다 달려 내려갔다. 그러던 어느 날, 어머니가 위독하다는 전화를 받고 부랴부랴 내려가 서울 큰 병원으로 모셨다. 중환자실에서 한 달 동안 치료를 받고 고비를 넘기긴 했지만, 담당의사는 병이 완전히 나으려면 요양이 필요하다고 했다.

그런데도 어머니는 자꾸만 전주로 내려가겠다고 고집을 부리셨다. 병원도 싫다, 자식들 집도 불편하다 하시는 어머니가 한편으론 야속하기도 했다. 어찌할 바를 몰라 고민하던 중 동생들이 서울 근교에 있는 요양원으로 모시자고 했다. 수소문 끝에 의료진이 24시간 상주하는, 시설이 좋은 실버타운형 요양원을 찾을 수 있었다. 처음에는 자식이 다섯이나 있는데 아픈 노모 한 분을 못 모셔 요양원 같은 곳에 보낸다는 것이 내키지 않았지만 그곳 시설을 둘러보고 생활하기는 전주 집보다 낫겠다 싶어 어머니를 설득해 보았다.

처음엔 어머니도 "내 집 놔두고 왜 양로원 같은 곳에 가느냐?"며 언짢아 하셨다. 나는 다급한 마음에 "여기서 한 달 정도만 몸을 추스른 다음에 전주 집으로 모시겠다."고 약속하고서야 어머니를 설득할 수 있었다.

경기도 용인에 있는 그 요양원을 나는 매일같이 퇴근하자마자 찾아갔다. 장남이 되어 어머니를 모시지 못하고 요양원에 보냈다는 자책감이 커 문안을 하루도 거르지 않으려 애썼다. 아내와 동생들 내외도 같은 심정으로 자주 들여다보았다. 조금 일찍 가면 저녁도 먹여드리고, 산책하며 담소도 나누었다. 아이들 키우는 얘기, 회사 얘기, 동생들 얘기, 돌아가신 아버지 얘기, 철없던 나의 어린 시절 시시콜콜한 얘기까지 원 없이 했다.

그런데 이상한 일이었다. 처음엔 그토록 전주 집으로 내려가겠다고 하시던 어머니가 요양원에 들어온 지 일주일쯤 지나자 뜻밖에도 그곳에 계속 머물겠다고 하셨다. 그러고 보니 그새 건강도 눈에 띄게 좋아지고 표정도 밝아지셨다. 전주에서 친지 어른들이 버스를 대절해 병문안을 오셨을 때 나는 어른들께 병든 노모를 요양원에 모셨다고 야단맞을 각오를 하고 인사를 드렸다. 그런데 어머니를 만나고 내려가시려던 어른들께서 오히려 "참 잘했다."고 칭찬을 하셨다. 도대체 어머니는 무슨 얘기를 하셨던 것일까.

나중에 나는 어머니가 왜 그곳에 계속 계시려고 했는지 알게 되었다. 그곳의 안락하고 은택한 시설 때문이 아니었다. 어머니는 나를 비롯한 자식들을 자주 볼 수 있는 것이 무엇보다 행복하셨던 것이다.

돌아보면 정말 그랬다. 대학에 들어간 이후 도시에 살면서 내가 고향 집에 내려가는 횟수는 해마다 줄었다. 언젠가부터 명절에나 마지못해 내려가게 되었다.

아마 대학 입학 이후 30여 년간 어머니와 함께한 시간보다 요양원에 계시는 1년 동안 함께한 시간이 더 길 것이다. 어머니에게 나는 어쩔 수 없는 '품 안의 자식'이었다. 내가 집을 떠나 세상살이를 하는 동안 어머니는 얼마나 내가 보고 싶었을까. 그런 어머니가 요양원에 들어온 후부터는 매일같이 아들을 볼 수 있으니 아픈 것도 잊고 지낼 만큼 행복하셨던 것이다.

어머니는 나중에 병을 이기지 못하시고 끝내 세상을 떠나셨다. 하지만 나는 그 마지막 일 년을 어머니와 매일 함께할 수 있었던 것에 감사했다.

부모의 기다림과 자식의 기다림에는 안타까운 엇갈림이 있다. 늙은 부모는 자식이 찾아오길 기다리고, 자식은 돌아가신 부모를 꿈속에서라도 만나길 기다린다. 세상에서 가장 큰 후회는 풍수지탄風樹之嘆일 것이다. 나무는 고요하고자 하나 바람이 그치지 않고, 자식이 효도를 하고자 하나 부모는 기다려주지 않는 법이다.

이런 생각이 든다. 자식이 잘되면 조금 효도하는 것이고, 부모 곁에 있으면 크게 효도하는 것이라는. 자식이 효를 깨닫는 것은 부모가 돌아가실 때가 되어서라는 것이 안타까울 뿐이다.

사랑하라! 후회 없이.

내 인생 최고의 데이트

함께할 수 있을 때 함께하는 것이 행복이다.

2006년 여름 뉴욕 맨해튼으로 출장을 갔다. 일도 일이었지만 내
겐 중요한 일정이 하나 더 있었다. 바로 딸아이와 함께 시간을 보
내는 것이었다. 당시 딸아이는 맨해튼의 한 대학에서 유학하고 있
었다.

내가 낮에 업무를 보고 숙소로 들어가면 딸아이가 찾아왔다. 우
리 부녀는 함께 식사를 하고 맨해튼 거리를 걷곤 했다. 미술관, 박
물관에도 가보고 딸아이가 좋아하는 뮤지컬도 보았다. 백화점이나

거리 상점에 들러 가벼운 쇼핑도 하고 젊은이들이 즐겨 찾는 카페에도 들어가 차를 마시며 담소도 나누었다.

당시 딸아이는 스물일곱이었는데 그 나이가 되도록 딸아이와 단둘이 일주일이나 함께 지낸 것은 그때가 처음이었다. 지금까지도 그런 적은 없다. 딸아이가 맨해튼으로 유학을 떠나지 않았다면, 또 내가 맨해튼으로 출장 갈 일이 없었다면 우리 부녀에게 그런 기회는 없었을지 모른다.

미안하기 짝이 없지만 딸아이가 태어났을 때도 나는 미국 출장 중이어서 함께하지 못했다. 미국 유학 시절에도 딸아이는 세 살이었는데 정신없이 공부하느라 돌봐줄 시간이 없었다. 딸아이의 유년 시절은 오래된 사진을 들쳐봐야 확인할 수 있다. 우리는 한 집에 살면서도 나는 먹고살기 위해 밖에서 일을 하느라 정신없이 바빴고, 딸아이는 공부 하고 입시를 준비하느라 바빴다.

딸아이를 곁에서 보살피는 사람은 언제나 아내였고, 나는 딸아이가 내 기대에 어긋나지 않게 잘 자라준 것을 다행스럽게만 생각했다. 네 식구가 함께 밥을 먹고 외식을 하고 여행을 떠나기도 했지만 나와 딸아이가 맨해튼에서처럼 그렇게 오래 단둘이 시간을 나눈 기억은 없다. 물론 아들하고도 마찬가지였지만 말이다.

딸아이가 무슨 고민을 하는지, 정말로 하고 싶은 것이 무엇인지, 왜 좋은 회사를 다니다 그만두고 새로운 분야에 도전하려 유학을 떠난 것인지 나는 솔직히 잘 알지 못했다. 내가 무뚝뚝한 성격이긴 하지만 딸아이에게 무심한 아빠는 결코 아니었고, 딸아이 역시 애교가 없는 것이 아닌데도 왜 그랬는지 잘 몰랐다. 그런 시간을 함께 하기까지 스물일곱 해가 걸렸다는 사실에 나도 딸아이도 놀랐다. 딸아이와 나는 세상에 둘도 없는 부녀지간인데 말이다.

맨해튼 거리를 걸을 때 딸아이가 너무나 자연스럽게 내 어깨에 기대며 팔짱을 꼈다. 순간 나는 형언할 수 없는 행복감에 빠졌다. 그제야 나는 언제쯤인지 알 수 없는, 오래 전 딸아이를 안았을 때를 기억해냈다. 모르긴 허도 그땐 딸아이의 키가 아주 작았을 것이다.

맨해튼에서 나와 딸아이가 나눈 이야기는 심각하거나 특별한 것이 아니었다.

"뭐 힘든 거 없니?"

"지닐 만 해. 영어가 좀 달리는 거 빼고는."

"그러니까 학교 다닐 때 영어공부 좀 부지런히 하지 그랬어?"

"글쎄 말이야. 근데 이제 보니 아빠가 나보다 영어를 더 잘하는 거 같아."

딸아이의 칭찬에 나는 어깨가 으쓱 올라갔다.

"아빠도 유학했잖아. 너희들 어렸을 때. 맨땅에 헤딩하듯 무작정 부닥치며 배운 거지. 너희처럼 학교에서만 배운 거 하곤 다르지."

나는 딸아이 앞에서 너므 으스대는 것 같아 화제를 바꾸었다.

"근데 잘 다니던 회사는 왜 그만두고 이 고생이니?"

"패션디자인은 나하고 잘 안 맞는 거 같아."

"그래픽 디자인은 맘에 드니?"

"패션디자인보다 그래픽디자인이 더 재밌어."

딸아이가 학교에 가 있는 동안 나는 짬을 내 딸아이 숙소로 갔다. 방이 너무 어질러져 있었다. 이역만리에서 새로운 분야에 도전하느라 방 치울 여유도 없었나 보다 하는 생각에 마음이 짠했다. 나는 소매를 걷어붙이고 청소를 하기 시작했다. 방에서 바퀴벌레가 나온다는 얘기가 생각 나 테이프를 들고 다니며 틈이란 틈은 모조리 막았다. 딸아이가 돌아왔다.

"다 큰 녀석이 방 꼴이 그게 뭐니? 그러니까 엄마가 맘을 못 놓는 거 아냐? 엄마는 너하고 통화만 하고 나면 만날 눈물바람이다. 넌 알지도 못하지?"

그렇게 핀잔을 주었지만 나는 내 손으로 딸아이의 방을 청소해주었다는 것이 기뻤다. 언제 한번 그랬던 적이 있었나 했으니까.

맨해튼을 떠나던 날 그곳에 사는 지인이 나와 딸아이를 집으로 초대했다. 다른 반가운 사람들 몇이 함께 우리를 기다리고 있었다. 와인을 곁들여 저녁식사를 하던 중에 어느 지인이 내게 물었다.

"맨해튼 여행은 즐거우셨나요?"

나는 딸아이의 얼굴을 한번 쳐다보고 나서 대답했다.

"내 인생에서 가장 멋진 데이트를 했습니다. 정말 꿈같은 일주일이었습니다."

데이트를 했다는 소리에 모두들 의아하다는 표정이었다. 나는 딸아이와 27년 만에 단둘이 함께 시간을 보낸 이야기를 들려주었다. 내 얘기를 들은 지인들은 잠시 숙연해지는 모습이었다. 아마도 저마다 딸이나 아들이 있을 테고 내가 맨해튼에 오기 전까지의 시간을 반성했던 것처럼 그들도 그러는 것 같았다. 내가 떠나온 후에도 지인들끼리 모이면 나의 꿈같은 일주일 이야기를 한다고 한다.

딸아이는 맨해튼에서 학업을 마치고 결혼했다. 결혼식장에서 딸아이의 손을 잡고 입장하면서 나는 몇 해 전 팔짱을 끼며 함께 걷던 맨해튼 거리를 떠올렸다. 그리고 그때 그렇게라도 일주일을 함께한 것이 무척 다행이라고 생각했다. 출가한 딸아이와 단둘이 일주일이나 함께하는 것은 사위에게 미안한 일일 테니까. 그래도 가끔은 아내와 사위에게 양해를 구하고 딸아이와 맨해튼 거리를 다시 한 번 단둘이 걷고 싶다. 일주일이 너무 길면 하루 이틀이라도 말이다. 딸아이도 같은 생각일까?

의리 있게, 멋있게

오래 사는 것만큼이나 오래된 사람, 오랜 인연의
그윽한 향기를 느끼며 사는 것도 중요하다.

"나에게는 전속 헤어디자이너가 있다."

깔끔하게 이발한 날 만난 지인들이 "어디서 그렇게 멋지게 머리를 깎았느냐?"고 물어보면 나는 거드름 피우는 시늉을 하며 이렇게 대답한다. 연예인도 아닌데 무슨 전속 헤어디자이너가 있느냐며 의아하게 생각들 하겠지만 정말로 전속 헤어디자이너가 있다. 내가 그렇게 생각하는 것처럼 나의 디자이너 역시 같은 생각일 것이다.

실망할지 모르지만 그 디자이너는 사람들이 생각하는 그런 첨단

패션을 걷는 아티스트는 아니다. 노년의 남자 이발사다. 옛날 동네 이발소에서 흔히 볼 수 있는 그런 이발사다. 한 달에 한 번 나는 그 이발소에 간다. 벌써 25년이나 되었다. 그 사이 이사를 하고 집 근처에도 이발소가 있지만 나는 여전히 그 이발소에 가서 머리를 깎는다. 지금은 온통 은발이 된 내 머리카락의 '검은 시절'을 기억하는 이발사라면 내가 비록 연예인이 아니더라도 나의 전속 헤어디자이너로 조금도 손색이 없지 싶다.

요즘은 그런 이발소를 구경하는 것도 쉽지 않다. 아들 녀석처럼 젊은 남자들은 물론일 테고 내가 아는 나이 든 남자들 중에도 헤어숍이라 불리는 미용실에 가는 이들이 적지 않다. 아들아이도 철없을 때는 나를 따라 그 이발소에 갔지만, 일 년도 지나지 않아 미용실로 옮겼다. 하지만 내가 그런 헤어숍에 간다는 것은 상상도 못할 일이다. 그런 곳에 갈 만큼 패션에 민감하지도 않고, 한 번 가보고 싶다는 호기심조차 생기지 않았다.

나는 25년 단골 이발소가 편안하고 좋다. 공간이 협소하고 시설도 형편없지만 나는 한 달에 한 번 그곳에서 이발 할 때가 행복하다. 익숙함에서 오는 편안함 때문이다. 나는 처음 그 이발소에 간 후로 한 번도 이발사에게 이렇게 깎아 달라, 저렇게 깎아 달라 주문한 적이 없다. 그 역시 내게 묻지 않는다. 나는 그에게 기른 머리카락을 맡기고, 그는 내가 예상한 것에서 한 치의 오차도 없이 능수능

란한 가위질로 작품을 만들어 낸다.

내가 그 이발소를 좋아하는 이유는 또 있다. 이발사의 멋과 향기가 있는 삶의 태도가 잔잔한 감동을 주기 때문이다. 여느 이발소와 달리 그곳에는 언제나 작은 오디오에서 클래식 음악이 흘러나온다. 이발사는 손님이 없을 때면 틈틈이 수집해 놓은 명화 비디오테이프를 하나 꺼내 감상하기도 한다. 어떤 때에는 낡은 386 PC 자판을 두드리며 글을 쓰기도 한다. 나는 언젠가 그가 써 놓은 '동행'이라는 제목의 수필을 읽은 적이 있다. 옛 친구와 단둘이 여행하면서 느낀 것들을 담은 글인데 유명 작가의 작품인 줄 알았을 정도로 문장이 탁월했다. 그러니까 그의 하루 일과는 잔잔한 클래식이 흐르는 공간에서 손님의 머리를 깎고, 손님이 없을 때는 오래된 명화를 감상하고, 책을 읽고 수필을 쓰는 것이다. 칠순을 바라보는 나이에 그처럼 멋스럽고 향기롭고 여유롭게 사는 사람도 드물 것이다.

그 이발소에서는 예나 지금이나 클래식 음악이 흘러나온다. 나른한 봄날 같으면 그 선율에 살짝 졸기도 한다. 하지만 방금 전까지 담소를 나누던 이발사는 나의 단잠을 깨우는 법이 없다. 내가 단잠에 빠진 사이 그는 신기할 정도로 내가 원하는 예의 스타일대로 머리를 깎는다.

내가 처음 그 이발소에 갔던 25년 전에는 요금이 3500원이었다.

지금도 6000원 밖에 안 받는다. 나는 머리를 깎고 나을 때 이발사에게 1만 원짜리 지폐를 한 장 건넨다. 거스름돈은 받지 않는다. 내가 그를 통해 느낀 삶의 멋과 여유를 생각하면 1만 원 이상도 충분히 지불할 가치가 있다.

물건은 새것이 좋고 사람은 오래된 이가 좋다고 했던가. 나는 할 수만 있다면 한 번 인연이 된 사람과 오래도록 함께했으면 하는 바람이 있다. 나에게는 그렇게 오래도록 함께하는 사람이 몇 있다. 동양그룹에서 수차례 계열사를 옮겨 다니며 CEO를 맡았지만, 늘 비서와 운전기사가 함께 움직였다. 내가 그러기를 바랐고, 감사하게도 그들 역시 나와 함께하기를 바랐다. 그 두 사람은 나의 일거수일투족에 묻어 있는 아주 사소한 습관까지도 자연스럽게 받아들일 수 있는 따뜻한 사람들이다. 나 역시 그렇다. 오래 함께한 사람끼리는 굳이 말하지 않아도, 대써 설명하지 않아도 서로의 마음을 이해할 수 있는 통로가 생기게 마련이다. 나는 항상 그들에게 감사함을 잊지 않으며 살고 있다.

내가 동양카드 사장에 부임했을 때 비서를 맡아 17년 넘게 나를 도와주고 있는 이 과장 얘기를 하지 않을 수 없다. 17년은 결코 짧은 시간이 아니다. 국내 기업에서 같은 CEO의 비서를 그렇게 오래 맡은 비서는 아주 드물다. 그런 기록 때문에 신문에서도 여러 차례 기사화하기도 했다. 내가 동양카드 사장으로 부임했을 때, 이 과장에게 비서직을 맡긴 것은 그럴 만한 기대가 있었기 때문이다. 당시 동양카드는 미국 아메리칸엑스프레스카드의 한국법인을 인수해 설립했는데, 나는 기존 아멕스 직원 중에서 비서를 선발하는 것이 좋겠다고 생각했다. 두 가지 이유에서 그랬다. 우선 아멕스 미국 본사와 원할한 업무 협조를 위해 아멕스 스타일을 잘 알고 영어에 능통한 인재가 비서 업무를 보는 것이 맞다고 생각했다.

더 중요한 이유는 기존 아멕스 직원들이 피인수 회사라는 피해의식이 커 신임 사장인 나와 거리감이 생길 수 있다고 우려했기 때문이다. 아멕스 출신 직원이 비서실에 있으면 직원들이 사장인 나와 가까워지는 데 가교 역할을 해줄 것이라고 기대했다. 그렇게 해서 능력이 출중한 이 과장이 비서 업무를 맡게 되었다. 이 과장은 내가 기대한 두 가지 이유를 충족하고도 넘치는 사람이었다. 한 치의 오차도 허용하지 않는 철두철미한 업무 능력과 전문성은 말할 것도 없고, 자신의 일에 대한 놀라운 책임감에 나는 감탄한 적이 한두 번이 아니다.

내가 동양생명 사장 때 있었던, 잊을 수 없는 사건이 하나 있다. 당시 구조조정이 한창이었는데, 회사의 조치에 불만을 품은 한 직원이 흥분해 사장실에 들이닥치려고 했다. 당시 나는 안에서 회의를 하고 있었고, 밖에는 남자 직원들이 여럿 있었지만 흥분한 직원이 폭력을 휘두르려 하자 모두 도망치고 말았다. 흥분한 직원이 사장실 문으로 들어가려는 순간, 이 과장이 달려와 막아섰다. 그리고는 금방이라도 폭력을 휘두를 것 같은 직원을 향해 "내가 있는 한 절대 못 들어간다."고 소리쳤다. 그 소리를 듣고 나는 사태를 파악하게 되었고, 다른 직원들이 우르르 달려와 큰 탈 없이 상황이 종료되었다. 나는 이 과장에게 "다치면 어쩌려고 그렇게 위험천만하게 행동했느냐?"며 야단을 쳤다. 그러자 이 과장이 대답했다.

"사장님, 그게 제 일입니다."

나는 미안하고 감사했다. 그 후로 지금까지 이 과장은 내가 회사를 경영하는 데 조금의 불편함이나 착오가 생기지 않도록 헌신적으로 도움을 주고 있다.

요즘 세상은 어찌된 일인지 살면 살수록 익숙해지기는커녕 낯설어지는 것 같다. 날마다 새로운 물건이 생겨나고 새로운 일들이 일어난다. 오래된 사람들은 자꾸 잊혀 가고, 새로운 사람을 만나야 하는 날이 많다. 트위터, 페이스북 같은 이른바 소셜 네트워크라는 것을 즐겨 사용하면서도 가끔은 낯선 사람들과의 소통을 강요당하는 것은 아닌가 하는 생각이 들기도 한다. 물론 오랫동안 연락하지 못했던 옛 친구의 소식을 듣게 되는 행운을 가져다주기도 하지만.

요즘처럼 빨리 돌아가고 수시로 변해가는 세상에 살다보면 변치 않는 것도 좀 있어야 하지 않을까 생각해 본다. 오래 사는 것만큼이나 오래된 사람, 오랜 인연의 그윽한 향기를 느끼고 사는 것도 중요할 것 같다. 인류가 클래식을 잊지 못하고 듣고 또 듣는 것도 어쩌면 그 이유 때문이 아닐까. 그런 생각을 하다 보면 반갑게도 머리를 깎을 때가 찾아오곤 한다. 클래식 음악이 흘러나오는 아늑한 그 이발소에 가면 멋과 향기가 묻어나는 노년의 이발사는 변함 없는 미소로 날 반겨준다. 그러고 보니 우리는 25년을 매달 만나면서도 서로 이름도 정확한 나이도 모르고 있었다. 어쩌면 우리네 인연에서 이름과 나이는 그다지 중요한 것이 아닐지도 모른다.

도전하면 언제나 청춘

마지막이라고 생각하는 순간에 시작하라.

2년 전쯤 친구들과 골프를 하기 위해 일본에 간 적이 있다. 그 전에도 일본을 여러 차례 여행한 경험이 있었다. 대부분 출장이었다. 그땐 현지 직원이나 수행하는 직원이 통역해 주었기 때문에 의사소통에 큰 불편을 느끼지 못했다. 그런데 친구들끼리 여행을 하다 보니 말이 통하지 않아 여간 곤혹스러운 게 아니었다.

영어는 미국에서 유학하며 어지간히 익혔고, 동양카드 사장 시절 아멕스를 인수해 운영하면서 미국 파트너와도 자연스레 소통할 정도로 회화실력을 쌓았다. 그런데 일본어만큼은 쓸 일도, 배울 일도 없어 일본에만 가면 귀머거리, 벙어리가 되었다.

일본을 가깝고도 먼 나라라고 하는데, 언어적으로도 그런 게 아닐까. 내 주위에 있는 칠팔십 대 선배들 중에는 일제강점기에 학교에 다녀 일본어를 잘하는 이들이 많다. 후배들 중에도 일본어를 제2외국어로 공부한 이들이 많다. 그러고 보면 우리 나이대가 대체로 일본어에 취약한 게 아닌가 한다.

고심 끝에 일본어에 도전했다. 초보 일본어 교재도 사고, 과외수업도 받기 시작했다. 하루 두세 시간은 일본어 배우는 데 투자했다. 내가 일본어 공부를 한다는 소리에 주위에선 한 마디씩 했다. 나이 들어 일본어를 배우느라 진땀을 빼는 이유가 뭐냐고 말이다. 일본 여행을 위해서라고 하면 모두들 의아해 했다.

일본어 수업 첫날, 젊은 선생님이 내게 "그 나이에 일본어를 배우는 목적이 무엇이냐?"고 물었다. 나는 "일본을 여행할 때 영어가 통하지 않아 답답해 일본어를 배워야겠다고 생각했다."고 대답했다.

사실 일본어를 모른다고 딱히 불편한 것은 아니었다. 일본 여행을 위해 일본어를 배우는 것도 효율로 따지면 할 말이 없다. 많이 가봐야 일 년에 한두 차례 하는 일본 여행을 위해 돈과 시간을 쏟아부으며 몇 년을 씨름하는 것이 과연 잘하는 일인지 나도 처음엔 잘 몰랐다. 주위에서는 차라리 그 돈으로 가이드를 구하는 것이 경제적일 것이라고 핀잔을 주기도 했다.

무엇인가를 배운다는 것, 특히 언어를 배운다는 것은 마음먹고 도전하기가 어려운 것이지 막상 시작하고 나면 예상하지 못한 많은 일이 생긴다. 하루하루 일본어 공부에 매달리면서 새로운 세상이 열리는 게 보였다. 평소에 관심도 갖지 않던 일서日書에 눈이 가는가 하면, TV로 일본방송을 보고 싶다는 충동도 생겼다. 국내에서 독도 문제나 신사참배 같은 이슈가 떠오를 때 정작 일본에서는 어떤 기사들이 나오는지 관심을 갖게 되고 인터넷으로 검색까지 해보는 습관이 생겼다. 일본의 극우파들이 망언을 할 때 정작 일본 내 여론이 어떤지를 내가 직접 보고 들을 수 있다는 것은 대한민국 국민의 한 사람으로서 아주 중요한 경험이 아닐 수 없다. 상대를 제대로 알아야 역사도 바로잡을 수 있다는 것을 나는 일본어를 배우고 실습하면서 깨닫게 되었다.

생각해 보면 참 신기한 일이 아닐 수 없다. 일본어를 배우기 전에는 50년이 넘는 동안 눈여겨본 적 없는 것들이 눈에 보이고, 들어 볼 생각조차 하지 않던 말들이 귀에 들리기 시작했다. 아마도 이런 것이 언어를 배우는 즐거움이 아닐까 한다.

그 나라 말과 글을 배우기 전에는 그 나라 말과 글에 대해선 귀 먹고 눈 먼 사람이었는데, 일단 그 말과 글을 익히고 나면 자연스럽게 들리고 읽히는 것이 얼마나 신기하던지 그 감격은 경험해보지 않은 사람은 알지 못할 것이다.

일본 여행을 위해 일본어를 배운 것이 일본 사람과 그들이 먹는 음식, 그들의 문화와 생활방식은 물론 그들이 국제문제에 대해 어떻게 생각하고 있는지까지 알게 했다. 심지어 2년쯤 일본어 회화 연습을 하다 보니 가끔씩 영어로 말할 때 예전 같지 않게 발음이 힘든 것을 느끼고 왜 일본인의 영어 발음이 부자연스러운지 깨닫기까지 했다. 이 모든 것이 일본어 공부를 하지 않았다면 영원히 알 수 없는 것들이 아니었을까 생각하니 늦게나마 일본어 정복에 나서길 참 잘했다고 스스로 칭찬했다. 외국어를 배운다는 것은 쓸 데가 있든 없든, 나이가 많든 적든 도전해 보면 절대로 손해 볼 일이 아니다.

일본어를 어느 정도 익힌 후에 친구들과 일본으로 골프를 하러 갔다. 그 때 내가 일본 사람들과 '유창하게' 일본말로 대화하는 것을 지켜본 친구들이 깜짝 놀라는 모습을 보았다. 다들 "언제 그렇게 일본어를 배웠느냐?"며 부러워했다. 그들 중에는 내가 일본어를 배울 때 괜한 욕심을 부린다고 핀잔주던 사람들도 있었다. 그들은 앞으로 일본 여행할 때 회비를 내지 않아도 좋으니 가이드 역할을 해 달라고 할 정도로 내게 의지했다.

대부분 은퇴했거나 은퇴를 앞둔 친구들에게, 배운 만큼 젊어진다는 가능성을 알려줄 수 있는 것도 내겐 일본어를 배운 덕에 얻은 큰 기쁨이고 행복이다.

나에게는 지금도 일본어 회화를 가르쳐주는 젊은 선생님이 있다. 일본에서 오래 산 젊은이인데 처음엔 내가 적확한 단어를 쓰지 못하거나 발음이 틀렸다고 많이 지적했다. 스승과 제자 사이라 어려움도 있었다. 혼이 날까 싶어 예습도 철저하게 했다. 그런데 시간이 흐르고 소통이 가능해지면서 이젠 서로 마음 깊은 곳에 담아둔 얘기까지 털어놓을 정도로 편안한 대화가 이루어지고 있다. 일본어로 말이다. 그러다 보니 일본어 실력이 더 속도를 내며 유창해지는 것을 느끼게 되었다. 의사뿐 아니라 감정까지 표현할 수 있어야 진정 그 언어를 깨친 것이라는 얘기를 이해하게 되었다. 일본어 공부는 앞으로도 부지런히 할 생각이다. 나중에 내 손자들에게 가르쳐줄 수 있을 만큼 말이다.

예전에 〈어느 95세 어른의 수기〉라는 시를 읽은 적이 있다. 삶을 마무리할 나이에 외국어를 배우기 시작한 노인이 쓴 시의 내용은 이렇다.

그 노인은 63세에 퇴직하고 앞으로 살면 얼마나 더 살겠나 싶어 특별한 계획을 세우지 않고 시간을 보냈다. 그런데 아무것도 하지 못한 채 32년이란 긴 시간이 흘렀다. 그가 95세에 외국어를 배우는 까닭은 "10년이 지난 105세에 지금처럼 후회하지 않기 위해서."라고 했다.

　나도 그 노인의 얘기를 떠올리며 좀 더 일찍 일본어 공부를 시작했더라면 좋았을 텐데 하는 아쉬움이 있다. 하지만 지금이라도 도전했으니 그 노인보다는 나은 것이 아닐까 위로해 본다.

　무언가에 도전하고 있는 한 아무리 나이가 들어도 언제나 청춘이다.

나이 듦을 두려워 말라

회갑을 맞고 나는 문득 내가 나이가 들어가고 있음을 깨달았다. 누구에게도 말하지 않았지만 약간 충격적이었다. 요즘이야 회갑은 잔치도 안 하고, 칠순은 되어야 나이 먹었다는 소리를 듣는다 하고 아흔, 백세까지도 건강하게 살 수 있다고들 하지만 정작 당사자는 예순 나이가 썩 유쾌하지 않다.

어린 시절 골목대장 하던 기억도 아직 생생하고 청년 시절은 말할 것도 없고 중년 지나 장년 때도 몸도 마음도 청춘이라 생각하며 살았다. 일에 미치고, 세상과 싸우며 반드시 이겨야 한다는 생각으로 하루하루를 치열하게 사는 사람에게 중년이 어디 있고 장년이 어디 있겠는가. 동양생명을 맡아 전국 곳곳으로 지점을 찾아다니며 회식 때 '소주 3000잔 건배' 기록을 세우고 간에 탈이 나 쓰러졌을 때도 나이가 들었다, 늙었다 생각해 본 적이 없는 나였다. 넘어졌다가도 언제 그랬냐는 듯 벌떡 일어나 미친 듯이 일하고 다녔으니까.

그런데 회갑이 지나고 나서 왜 불현듯 나이 드는 것을 의식하게 되었는지 모를 일이다. 숫자에 불과하다는 나이가 뭐라고 말이다. 어느 날 아침에 일어나 갑자기 늙어버린 것을 발견한 것처럼 놀라움과 허탈감이 컸다. 그 동안 나이 들어감을 의식하지 않고 언제나 청춘처럼 살아온 것이 후회스럽기도 했다. 살아온 날보다 살아갈 날이 적다는 것은 솔직히 서러운 일이다.

나이 듦을 인정하는 것이 쉬운 일은 아니겠지만 인정하지 않는다고 나이가 멈추는 것도 아니다. 영화에 나오는 벤자민 버튼처럼 시간이 거꾸로 가는 사람은 없다. 흐르는 시간을 막을 수도, 거스를 수도 없다면 가는 대로 받아들이고 인정하는 것이 지혜롭다는 생각이 들었다. 그렇게 생각하고 나니 한동안 나를 괴롭혔던 나이 듦의 우울함이 조금은 가라앉는 것 같았다.

나무도 수령이 많아지면 스스로 가지를 부러뜨린다는 얘기를 들은 적이 있다. 불필요하게 영양분을 낭비하지 않고 효율적으로 생

명을 보존하기 위한 자구책일 것이다. 나이 드는 것이 서러운 사람
이라면 그렇게 스스로 가지를 부러뜨리는 나무에게 배워야 할 것
같다. 나이가 들면서 근력이 떨어지고 기력이 쇠하는 것을 자연의
이치로 받아들이고 과욕을 스스로 잘라내는 용기가 필요하다. 초록
이 무성한 여름이 지나면 나무들은 서서히 단풍을 만들고 잎을 떨
어뜨릴 준비를 한다. 산 속의 모든 나무가 단풍이 들고 낙엽이 지는
데 나만 홀로 초록을 고집하는 것은 과욕이고 노욕이다. 노욕을 부
리다 평생 쌓아온 명예를 하루아침에 잃는 사람들을 볼 때마다 안
타깝기 그지없다. 젊은 시절엔 얼마든지 재기할 수 있겠지만 나이
가 든 다음에는 그런 기회를 얻기가 힘들다.

　세상은 젊으나 늙으나 '안티에이징'을 외치지만 노화를 방지하는
것이 어느 정도 가능하다고 해도 언제까지나 젊음을 우지할 수는
없다. 진시황제가 그토록 찾아 헤매던 불로초 같은 신약이 개발된
다 해도 나이를 먹는데 계속 젊음을 유지하는 것도 그리 아름답지
는 않을 것이다. 가는 세월은 자연스럽게 흘러가도록 늦아두는 것
이 현명하다. 얼굴에 주름이 늘고 흰 머리카락이 는다고 속상해 할
필요는 없다. 체력이 예전 같지 않고 아픈 곳이 생겨도 불안해하거
나 두려워할 필요가 없다. 그게 자연이니까.

　나이 듦이 마냥 무기력해지고 아프고 외롭고 서러운 것만은 아니
다. 역설적으로 나이 듦은 새로운 경험이고 도전이며 행복일 수 있

다. 무엇보다 삶을 관조적으로 바라보는 여유가 생긴 것이 가장 좋은 점이다. 젊은 시절처럼 앞만 보고 달려가면서 전쟁을 치르듯 경쟁하지 않아도 된다. 죽기 살기로 부딪치지 않아도 대승적으로 문제를 해결하는 방법을 터득하게 된다. 싸움을 걸어오는 사람도 없지만 있다 해도 이젠 싸우지 않고 이길 수 있는 지혜가 있다.

살아온 날보다 살아갈 날이 적기는 하겠지만 앞으로의 시간은 훨씬 천천히 흐를 것이라는 장점도 있다. 젊은 날 정신없이 뛰어다니며 쏜살 같이 보낸 시간과는 비교도 안 될 만큼 여유롭고 한가한 시간을 얻게 된 것이다. 이 많은 시간의 많은 부분을 나는 아내와 보내기로 했다. 친구처럼 함께 영화관을 찾고 대학로에 가서 연극을 관람한다. 아이들이 있는 미국에 가기도 하고 유럽으로 여행을 떠나기도 한다. 우리가 다시 돌아가고 싶다고 생각하는 그 젊은 시절에는 가족과 저녁식사를 같이 하기도 힘들 만큼 시간을 낼 수 없었지만, 우리가 정작 불청객처럼 생각하는 나이 듦이 잊고 살았던 가족의 소중함을 깨닫게 하고 있다. 지금 나와 아내가 가장 중요하게 여기는 것은 가족의 건강이다. 돈도 명예도 건강이 없으면 무슨 소용이 있겠는가.

그리고 이런 나이 듦의 가치를 아직 나보다 나이 들지 않은 후배들에게 전해줄 수 있다는 것도 빼놓을 수 없는 나이 듦의 장점이 아닐까.

요즘은 청년들도 느후를 걱정한다고 한다. 그러고 보면 우리가 얼마나 어리석게 시간을 사는지 반성하게 된다. 젊은 날엔 나이 듦을 걱정하고 나이가 들어서는 젊은 시절로 돌아가고 싶어 우울해한다니 말이다. 그렇다면 우리는 어느 순간에도 제 나이대로 살지 못하는 것이 아닌가. 젊을 땐 젊게, 나이 들어서는 나이 듦에 맞게 만족하며 사는 것이 진정한 행복이 아닐까.

젊음은 나이 듦이 있기에 싱그러운 것이다. 또 나이 듦은 그 싱그러운 젊음이 있었기에 아름답다. 나는 가끔 숲에서 인생을 깨닫곤 한다. 어찌 보면 우리 인생도 숲이라는 생각이 든다. 녹음은 녹음이라서 싱그러우며, 단풍은 단풍이라서 찬란하고, 낙엽은 낙엽이라서 운치가 있고, 가지가 앙상한 겨울나무는 겨울나무라서 아름답다. 겨울나무가 아름다운 것도 싱그러운 초록의 기억을 담고 있기 때문이다. 젊은 시절의 꿈과 희망과 사랑을 간직하고 있다면 지금보다 더 나이가 들어도 나는 더 젊어질 것이다.

정도로 가도 얼마든지 이긴다

나는 벌금 200만 원을 내면서
200만 달러보다 값진 깨달음을 얻었다.

일단 저지르고 보자는 것이 내 삶의 신조이기는 하지만 저지르는
데도 몇 가지 원칙이 있어야 한다. 그 원칙 중의 으뜸은 법을 지키
는 것이다. 누구에게나 저지를 자유는 있다. 하지만 그것이 사회규
범과 법을 어기는 것이라면 자유도 무엇도 아니다. 더구나 기업에
서 일하는 비즈니스맨, 특히 기업을 이끄는 경영자라면 절대로 법
을 어겨서는 안 된다.

경영자로 살아오면서 후회가 되는 일이 하나 있다. 동양시스템

즈 사장 시절 국정감사가 있었는데, 나는 회사일로 국회 정무위원회로부터 증인으로 출석하라는 요구를 받았다.

그런데 하필이면 그때 외국 회사로부터 기술을 도입하는 일 때문에 출장을 떠나게 되었다. 선약된 미팅 시간을 연기해 보려고 외국 회사에 요청했지만 불가하다고 했다. 나는 회사의 중요한 일로 부득이 청문회에 참석할 수 없다는 사유서를 국회어 제출했다. 회사에 너무나 중요한 기술이었던 만큼 청문회 출석을 포기할 수밖에 없었던 것이다. 당시 나에게는 회사 경영만큼 증요한 것은 없다고 생각했다. 그리고 내가 제출한 사유서가 받아들여질 것이라고 믿었다.

그냥 그렇게 조용히 마무리될 줄 알았는데 국회는 청문회 출두 명령을 이행하지 않은 나를 고발했고, 나는 법정에서 재판을 받아야 했다. 판사는 200만 원 벌금을 선고했다. 벌금형이었지만 공직에 오랜 세월 몸담았던 나로서는 적잖은 충격이었다. 곤직에 있을 때나 기업에서나 나름 정도를 걸으며 청렴결백하게 살았다고 자부하는 나에게 그런 판결은 여간 불명예스러운 게 아니었다. 나를 더욱 아프게 한 것은 판사의 판결문이었다.

"국회는 국민의 대표다. 요즘에 와 국회에 대한 국민의 신뢰와 존경심이 약해졌다 해드 국회는 엄연히 국회다. 국회가 청문회를 열고 출두하라고 했으면 누구라도 출두해야 한다. 그것이 법이며 경영자라고 해서 그 법을 어길 수는 없다."

나는 벌금 200만 원을 내면서 200만 달러보다 값진 깨달음을 얻었다. 경영자는 법을 지켜야 한다. 그것이 받아들일 수 없는 악법이라도 말이다.

그래야 직원들에게 떳떳할 수 있다. 경영자가 법을 어기면서 법을 어기는 직원을 나무랄 수 없다. 또 법을 어기는 경영자와 직원이 있는 회사가 소비자들에게 신뢰를 받을 수 없을 것이다.

기업을 경영하다 보면 가끔 위법의 유혹에 빠지게 되곤 한다. 비즈니스 측면에서만 보면 법규를 어겼을 때가 지킬 때보다 회사에 이익이 되는 경우도 있다. 그럴 때 법을 어겨 회사에 이익을 가져다준 경영자를 과연 유능하다고 할 수 있겠는가. 아무리 뛰어난 리더십으로 조직의 혁신을 만들어낸 경영자라도 그 과정에서 조금이라도 법을 경시하거나 어겼다면 성공했다고 할 수 없다. 당장 성공한 것처럼 보일지 몰라도 언젠가는 그 위반이 경영자 자신과 기업의 발목을 잡을 것이다.

아무리 회사일이라도 법보다 우선일 수는 없다. 법을 어겼다는 것은 회사에도 경영자 개인에게도 크나큰 오점으로 남을 것이다. 법을 어겨 문제가 되면 변호사 말고는 아무도 나를 도와줄 사람이 없다.

인생이 빛날 수 있도록 아름답게 가꾸는 데는 준법도 중요한 요